Reflexiones sobre los límites morales y legales a cobrarnos impuestos

Derechos Reservados © 2019 por Mario Estuardo Archila

ISBN: 9781795565691

Diseño del libro por Gabriela Camey

Primera Edición

Pedidos y contacto a mario.archila@impuestosychocolate.com y al +502 23788484

No se permite la reproducción total o parcial de este libro ni su incorporación a un sistema informático ni su transmisión en cualquier forma o medio, sin la autorización expresa y por escrito de su autor.

Reflexiones sobre los límites morales y legales a cobrarnos impuestos

Impuestos y chocolate

Mario Estuardo Archila Maldonado

Guatemala, Centro América

ÍNDICE

INTRODUCCIÓN 1
   1. INICIA LA AVENTURA 1
   2. DE IMPUESTOS Y CHOCOLATES 2

FUNDAMENTACIÓN 3
   FUNDAMENTO DE LOS IMPUESTOS 5
   NO FUE SÓLO UN JUEVES 7
   FELICIDAD DE CADA UNO 8
   INTERÉS SOCIAL SOBRE INTERÉS PARTICULAR
   .... **ERROR! BOOKMARK NOT DEFINED.**
   ESTADO DE DERECHO DESDE UNA
   CAMIONETA 14
   MÁS GASTO NO. MEJOR ANÁLISIS DE LAS
   NECESIDADES DEL ESTADO, SÍ. 17
   ¿FINES DEL ESTADO? 19
   NECESIDADES DEL ESTADO 22
   LA REVISIÓN HISTÓRICA.................................. 27
      ¿Quiénes son mis héroes?................................. 27
      Todos pensaron igual que yo. Algo había que
      cambiar. 28
      Encontramos el error en la historia. 28
   LATINOAMÉRICA TOMÓ EL MODELO FRANCÉS........... 29
   ¿QUIÉN PAGA EL IVA? 32
   LA FUNCIÓN DE LOS IMPUESTOS 34
   LOS IMPUESTOS OCULTOS 38
      ¿Qué busca el empresario cuando hace una
      empresa? 38
      ¿El pago de impuesto, la tarifa efectiva, es el
      único costo que se calcula en la ecuación? 39
      ¿De dónde sale la riqueza de los contribuyentes
      gravados por impuestos directos? 39

CAPACIDAD 41
   SOMOS HUMANOS, SOMOS IGUALES 43
   CARIDAD, SOLIDARIDAD, RESPONSABILIDAD
   SOCIAL, SENSIBILIDAD SOCIAL........................ 50

HAGA UNA RICA LANGOSTA: LEY DE EXTINCIÓN DE DOMINIO 52

OBLIGATORIEDAD 55

SOMOS ESCLAVOS 56
EL PAPEL DE LA CONSTITUCIÓN 57
CONSTITUCIÓN COMO GARANTÍA 62
PAGAMOS SI HAY CONSENTIMIENTO 67
HASTA CUÁNTO DEBEMOS PAGAR 71
FUNCIÓN DEL DERECHO 73
LA CAUSA EN LA OBLIGACIÓN TRIBUTARIA ... 76
CRITERIOS INSTITUCIONALES SAT 78

PAPEL DEL ASESOR FISCAL 80

DEFENSA TRIBUTARIA 81
CINCO PUNTOS PARA ESCOGER TU DEFENSA FISCAL 83
SEPARE. 83
 NO ES TRÁMITE, ES DEFENSA. 84
 CONOZCA A QUIENES LE DARÁN LA RAZÓN. 85
 NO ES LO MISMO... "ASIENTO" PARA EL LEGO QUE PARA EL ABOGADO. 86
 PRIMERO, LO PRIMERO. 87
NO TODOS LOS ABOGADOS SABEN IGUAL ... 88
GASTOS DEDUCIBLES EN LAS REFORMAS FISCALES 4-2012 Y 10-2012 91
 Cambios en los gastos no deducibles - Reforma del 4-2012 91
 En el 10-2012 98
 Costos y Gastos No Deducibles 100
 Deducibilidad de intereses 104
LA VISIÓN DE LOS IMPUESTOS 107
RECURSOS EXTRAORDINARIOS 110
SOLVENCIA FISCAL 113
SISTEMAS CONTABLES Y EL ISR 116
CONTENCIOSO ADMINISTRATIVO: EL MEOLLO DEL ASUNTO 118
CAMBIO DE RÉGIMEN 122
IMPLICACIONES DE LOS GASTOS DEDUCIBLES 124

IMPUESTOS SOBRE LA RENTA EN RELACIÓN DE DEPENDENCIA... 126
TRANSICIÓN GENERACIONAL........................ 133
MALAS LEYES.. 135
ÁBRETE SÉSAMO.. 136
LOS FINES DEL GOBERNANTE 142
EL MODELO ECONÓMICO 146
ACTUALIZACIÓN TRIBUTARIA 148
REFORMAS AL ISR CONTENIDAS EN EL 4-2012
.... 150
RÉGIMEN DEL ISR 5% REFORMAS DEL 4-2012
.... 153
LA REFORMA TRIBUTARIA (2012 EL AÑO DEL ERROR)... 155
Entonces, ¿qué tipo de reforma fiscal requiere Guatemala? *162*
REFORMAS TRIBUTARIAS DEL PARTIDO PATRIOTA (2012) 169
Déficit y deuda *171*
Fenómenos Externos *172*
Carga Tributaria sobre PIB............................. *172*
El cambio al ISR *173*
CONVENIOS DE PAGO Y MULTAS 179
ERRORES CON CONSECUENCIAS EN LA REFORMA FISCAL (DEL DECRETO 10-2012) . 183
REFORMAS AL CÓDIGO TRIBUTARIO DEL DERCRETO 4-2012, REFORMA FISCAL DE GUATEMALA 187
Simulación Fiscal *187*
Informes de terceros.. *190*
DECRETO 4-2012 (REFORMAS FISCALES, PRIMER DECRETO) ISR E IVA. 195
ISR. *195*
IVA. *197*
LA FALLIDA REFORMA TRIBUTARIA… INCONSTITUCIONAL UNA PARTE, SIN EFECTO OTRA…... 200
OTROS ASPECTOS DE LA LLAMADA REFORMA TRIBUTARIA 211
¿FUNCIONÓ LA REFORMA TRIBUTARIA?...... 215

¿DE QUIÉN ES LA CULPA? 217
¿HOYO FISCAL? 219
¿AYUDARÁN LAS REFORMAS A LA LEY
ORGÁNICA DE LA SAT? 222
¿ES INCONSTITUCIONAL EL IMPUESTO DE
CIRCULACIÓN DE VEHÍCULOS? 231
¿REBAJAS AL IMPUESTO DE CIRCULACIÓN DE
VEHÍCULOS? 233
TRANSPORTE PÚBLICO Y CARGA TRIBUTARIA
.... 236
¡SI SALTA, LE DISPARO! 239
REGISTROS PÚBLICOS: VIOLACIÓN AL
DERECHO DE PROPIEDAD EN EL DECRETO 4-
2012 242
   Simulación Fiscal 242
   Informes de terceros 245
RENTAS DE CAPITAL… ¿O NO? 249
ADUANAS INMORALES 257
CIERRE PREVENTIVO 259

SISTEMA FRENTE A CULTURA 260

CAMINO A LA TIRANÍA (REFORMA A LA
CONSTITUCIÓN + TIRANÍA) 261
   ¿Camino a la Tiranía? 262
   Identidad de pueblos indígenas 265
   Prohibición de indemnización para funcionario
   266
   Carrera del servicio civil 266
   Idioma oficial 266
   Integración del Congreso 267
   Interpelación a Ministros 267
   Asistencia de Ministros al Congreso 268
   Organismo Judicial 268
   Contraloría General de Cuentas 272
   Presupuesto General de la Nación 273
   El Ejército 273
   Policía Nacional Civil 274
   Ministerio Público 275
   Municipalidades 275
   Corte de Constitucionalidad 275

JUSTICIA EN LA POLÍTICA FISCAL 278
VIVIMOS EN CORRUPCIÓN 280
FERIAS Y PIÑATAS 281
NOTICIAS PARA ALARMARSE: EL COMERCIO ES SEÑAL DE DELINCUENCIA Y SAT AMENAZA CON PRISIÓN. 282
RESPECTO A LA REVISIÓN HISTÓRICA 285
CLARO QUE HAY COHERENCIA 289

REFLEXIÓN FINAL: UN CAMBIO DE CULTURA 292

Introducción

1. INICIA LA AVENTURA

En el mundo del Derecho hay temas de temas. Los impuestos despiertan pasiones. La pregunta en el aire es siempre la misma: ¿Es moral pagar impuestos?

Inicia conmigo el recorrido para tratar de descubrir la verdad sobre la obligatoriedad de pagar impuestos. Recorreremos temas como la **capacidad para pagar, la fundamentación de un impuesto, el papel del asesor fiscal, el papel de la administración tributaria**. Quizás algunos temas paralelos como la administración en general y otros que pueden ser éticamente interesantes de cuestionar.

2. DE IMPUESTOS Y CHOCOLATES

Toda leyenda se teje sobre un hecho real. Hace ya unos 1000 años, en una aldea de la actual Inglaterra, una mujer desafió a su marido. Ese desafío ha sido inmortalizado en una leyenda y su nombre se despliega en uno de los mejores chocolates del mundo.

Lady Godiva montó desnuda, hace casi 1000 años, a través de su pueblo en claro desafío a su esposo, el señor feudal. El pueblo en reconocimiento y respeto a su Señora, cerró las ventanas para no verla. La razón: un impuesto ordenado por el señor feudal. El señor feudal, luego de este acto de protesta extrema, retira el impuesto.

La historia soporta esta leyenda. Aparece en esos años un registro de la existencia de un impuesto a los caballos que meses después es retirado. ¿Cuándo ha visto usted eso en la historia? Se logra colocar un impuesto y sin explicación alguna se retira.

Ahora ya conoce la leyenda. Disfrute de unos deliciosos chocolates y recuerde que llevan el nombre de una mujer que desafió la autoridad de su esposo y abogó por la abolición de cargas que el pueblo no podía soportar.

¿Sabe ahora más rico un chocolate Godiva?

FUNDAMENTACIÓN

FUNDAMENTO DE LOS IMPUESTOS

En esta aventura trataré de ser lo más coloquial posible y lograr que el lenguaje no sea técnico, pues la idea es llevar los fundamentos a todos, no sólo a abogados.

El ser humano ha vivido en una lucha por su vida y su libertad. Quizás, la historia de la humanidad es la crónica de una lucha constante entre quien ejerce el poder y quien debe cumplirlo. La lucha por la libertad. Los impuestos, en general, son parte de estas luchas.

Hoy día, se habla que los impuestos son parte del costo de vivir en sociedad. Se habla de la obligatoriedad ética de pagarlos y se crean expectativas de que a través de la tributación se logrará una mejoría en el nivel de vida de una población.

Muchos caminos, muchas piedras de tropiezo. Al realizar un recorrido histórico por momentos cúspide en esa lucha frente al poder nos permitirá determinar cuáles son los límites, los fundamentos y las realidades de la tributación.

Conflictos ideológicos quizás surjan, mas la idea es abrir el tema desde una perspectiva novedosa. Reconocer la situación actual desde una visión de la historia.

Me tomaré la tarea de mostrarte argumentos, textos, normas y jurisprudencia de distintas partes del mundo, para explicar, en términos simples, los efectos, causas y repercusiones que puedan surgir de las normas impositivas.

Desde 1000 años en el pasado al hoy. Qué cambió en la forma de ver los temas impositivos, la sociedad y los gobiernos durante estos años. Desenmascararemos al equivocado que proclama con fuerza de evangelio mentiras tributarias y descubriremos al que, con la razón de su lado, es ignorado. Ese reto es lo que guiará los pasos en este estudio.

NO FUE SÓLO UN JUEVES

Se dice que un camello es un caballo diseñado por un comité. En este comité, Tomás, Juan, Benjamín, Rogelio y Roberto dieron lo mejor de sí mismos.

Aunque Tomás toma el papel protagónico, todos participan. Tomás presenta su propuesta que trabaja del 12 al 27 de junio. El 28 se envía a sus superiores la propuesta común.

Se revisa el trabajo de ellos y entre el 1 y 4 del mes siguiente. Las revisiones son extensas para lograr aprobar el texto final. En las revisiones, sin haber terminado aún, el 2, la crisis se agrava. Una invasión a sus territorios rompe el orden y sin haber concluido aún el trabajo, la decisión se toma.

En esa clara, pero fría mañana, del jueves 4 de Julio de 1776, en Filadelfia, John Dunlap imprime la Declaración de Independencia. Veinticuatro (24) copias se cree que existen. Dos (2) están en la Librería del Congreso. Una fue la copia personal de George que sucedería al Rey Jorge de Inglaterra: Jorge Washington.

Tomás Jefferson, Juan Adams, Benjamín Franklin, Rogelio Sherman y Roberto R. Livingston fueron el comité. No fue sólo un jueves. Fue el cambio en el curso de la historia de una nación y posteriormente del mundo. El documento no fue un camello, sino el inicio de constitucionalismo moderno.

FELICIDAD DE CADA UNO

La Constitución ordena que los tributos se establezcan para cubrir las necesidades del Estado.

Hace unos días, en el diario Siglo XXI de Guatemala, se publicó la noticia que un grupo de ilustres cineastas pretendía por medio de una ley, la creación del Instituto Nacional del Audiovisual y la Cinematografía de Guatemala (Ideacine).

Nada más interesante me dije, cuando al seguir leyendo el proyecto de ley incluye un porcentaje del presupuesto del Estado. El monto que recibiría este Instituto equivale, según el presupuesto actual a Q12 Millones.

Luis Figueroa[1] exclama "Más gorrones al ataque" [2] y no me queda más que estar de acuerdo.

Veamos así los argumentos jurídicos en cuanto a la creación del instituto y principalmente la asignación de un monto de dinero que proviene del pago de tributos.

En Guatemala, el artículo 239 de la Constitución establece que corresponde al Congreso de la

---

[1] Luis Figueroa, mejor conocido como "LuisFi", es director de relaciones públicas de las Universidad Francisco Marroquín, y además, escribe en su blog *"Carpe Diem"*.

[2] "Más Gorriones al ataque", Luis Figueroa, 4 de enero de 2010, disponible en su blog "Carpe Diem" - http://luisfi61.blogspot.com/2010/01/mas-gorrones-al-ataque.html

República la creación de impuestos conforme a las "necesidades del Estado". El término "necesidad del Estado" es lo que podríamos llamar un concepto jurídico indeterminado, pues no hay definición en la Constitución ni otro cuerpo legal de lo que debe entenderse por dicho concepto. Esto quiere decir que serán los tribunales, acá los tribunales constitucionales, los que determinen qué contenido tendrá el término. Hay alguna inclinación general a pensar que "necesidades del Estado" se refiere al "bien común". Igualmente, bien común resulta un concepto indeterminado en nuestro ordenamiento jurídico.

Una sentencia guatemalteca, **expediente 12-86 de la Corte de Constitucionalidad**, aborda el tema desde la perspectiva de la definición de bien común. Lastimosamente no define tampoco lo que es bien común. Establece, no obstante, que corresponderá al Congreso determinar el contenido, su posición ideológica... y acá es el gol para los honrados y honestos ciudadanos que pagan impuestos bajo la creencia que lo hacen por un legítimo Derecho del Estado de cobrarles.

Si el concepto jurídico indeterminado "necesidades del Estado" es un término que se definirá conforme a la posición ideológica representada, pero no conforme a "Derecho".

¿Qué es el Derecho? me preguntará el lector. Pues un cobro de impuestos está conforme a Derecho cuando atiende a las necesidades del Estado, entendidas correctamente: el bien común, que no es más que las condiciones necesarias para que cada uno de los habitantes puede buscar su propia "felicidad". Pero esto implica que nadie lo hará a expensas de otro.

En el caso del instituto para los "cineastas", vea que declaran en dicha edición de Siglo XXI:

"El cineasta Julio Hernández, realizador del film Gasolina, galardonado en varios certámenes internacionales, se mostró satisfecho con el dictamen favorable de la ley. "Hemos estado luchando por más de tres años y que bueno que se logró; con esta ley se protegerá el cine guatemalteco, y estaremos a la altura de varios países latinoamericanos".

Hernández recordó que hasta Estados Unidos "protege a su cine, que es Hollywood".

El avance del citado proyecto también es bien recibido por Elías Jiménez, director de la productora Casa Comal. "La creación del Instituto es básica, porque dará formación a los futuros cineastas y capacitación a los ya existentes".

Ahora qué quieren decir estos señores:

> 1. Hacer cine es caro. Pero yo no quiero pagarlo de mi bolsa y el público tampoco quiere pagarme por ver mis películas.

> 2. Quiero que me protejan, es decir, como no hago algo que valga la pena ver, según la libre y soberana voluntad de los guatemaltecos y el resto del mundo, déjeme tomar un poquito de los impuestos para no morirme de hambre.

3. Protegido quiere decir que, en este Instituto, le dirán a todos los que quieren aventurarse -porque es SU FELICIDAD- a hacer cine, deberán cumplir con todo lo que a los que ya estamos haciendo cine se nos ocurra. Por tanto, si no queremos nuevos cineastas, nos inventaremos los requisitos que no puedan cumplir los nuevos. ¿Entiende, es que nosotros ya sufrimos por cumplir el sueño y puede venir un "patojo chispudo"[3] que nos coma el mandado del próximo Cannes?

¿Le pregunto ahora a usted si SU búsqueda de felicidad, la SUYA, es que estos señores "gorroneen", como dice Luis Figueroa, de SUS impuestos, del producto de SU esfuerzo, simplemente por qué a USTED no se le da la gana ir al cine a ver sus películas y en el extranjero tampoco? ¿Sabía también qué para lograr el patrocinio de la producción, muchos de estos estudios no pueden comercializar las películas que producen en Guatemala? Pero igual usted les pagará Q12 Millones al año.

Imagínese si dentro del concepto de "bien común" y "necesidad del Estado" empezamos a meter todas esas actividades que no son rentables para quienes las ejercen, simplemente con el argumento que "en otros países" las protegen. Su vecino es malo o mediocre para lo que hace, pero tiene un su buen "cuate" en el Congreso y por tanto se consigue un dictamen de una

---

[3] «Patojo Chispudo» - expresión guatemalteca que significa respectivamente i. Patojo: niño, muchacho, joven; ii. Chispudo: alguien que es atrevido, eficaz, trabajador.

comisión para que le pasen una ley que diga que se creará y asignará presupuesto a una "asociación de XX" para protegerlos y dictar los lineamientos de dicha actividad. USTED, el honrado y honesto vecino que se parte el lomo por alimentar a sus hijos, deberá ahora, pagarle a su vecino a través de sus contribuciones tributarias.

Ah, pero el vecino dirá "es que en otros países…", pero eso es lo mismo que pensar que como para el 31 de diciembre de 2009, como 20 personas se habían suicidado saltando del puente Belice tírese usted también, pues "otros" se han tirado.

Es imposible que alguien que no sea USTED mismo puede determinar cuáles son las cosas que lo hacen feliz. Es imposible que lo que para usted es "lo mejor de su vida", haga igual de feliz a otro.

Eso lo comprobó uno de esos expertos, que, entre otras cosas, aconsejan subir la carga impositiva y crear este o aquel programa de gobierno. El diario Siglo XXI del 4 de enero de 2010, tiene una entrevista con un experto del Banco Interamericano de Desarrollo sobre unos estudios de calidad de vida que demuestran que el 90% de los guatemaltecos les satisface su trabajo. El experto, asombrado (¿no era ya evidente que así es, pues?) dice que con el estudio "Descubrimos que la calidad de vida no está en el empleo formal, pues lo que la gente quiere es autonomía, flexibilidad y la posibilidad de dar lo mejor de sí mismos. Esto lo hace pensar a uno que la legislación muchas veces va en contravía de lo que la gente busca."

¿Dar lo mejor de sí mismos? No los cineastas y otras tantas actividades "protegidas" …

Y de esa legislación ¿MUCHAS VECES?, principalmente la tributaria, va contravía, ¿no lo cree?

ESTADO DE DERECHO DESDE UNA CAMIONETA[4]

La dichosa regla constitucional del interés particular cede ante el interés social, ha causado tanto revuelo, que no queda más que hablar de ella para aclarar el sentido real y propio de la norma constitucional.[5]

¿Cuánto mide usted? Tiene relevancia la pregunta. Siga leyendo.

La mayoría de la población en Guatemala, según Google, mide alrededor de 1.60 (mujeres y hombres). Si usted mide menos de eso o más de eso y se ubica en una famosa campana de Gauss en los extremos superiores e inferiores de la curva, será por definición estadística, una "minoría". Por ejemplo, yo mido 1.92 cm., lo que me hace estar en el extremo superior de la estadística en Guatemala y arriba del promedio en el país con el promedio más alto del mundo (1.85). En el promedio mundial soy altísimo, en el país específico más alto del mundo, seguro que no me veré como Gulliver en el país de los enanos…

Para qué sirve esta base que parece no tener relación con el tema: pues vea usted cómo es que el concepto de interés social se ha tergiversado.

---

[4] Camioneta: guatemaltequismo para autobús.
[5] El artículo 44 de la Constitución Política de la República de Guatemala en su Segundo párrafo establece «*El interés social prevalece sobre el interés particular*».

La salud de la población es de interés social. Sin duda. A mejor salud de la población, mejores condiciones, menor gasto, menor improductividad, etc. A mis 1.92 cm. de estatura, los dolores de espalda son muy frecuentes. No digamos el usual golpe en la cabeza con gabinetes a la altura "promedio", la repisa que pueda ser limpiada por el/la conserje "promedio", etc. Así que para el grupo de personas en un rango de estatura fuera de lo "común", los problemas de salud relacionados a la altura son más frecuentes. Por ello, como es de interés social la salud, se pasa una "ley" en el Congreso que proteja la salud de este grupo de "grandotes", pues es de interés social mantener la salud. Para ello, se otorga un "subsidio por estatura", equivalente a Q300 mensuales para compensar el deterioro de su salud.

Acá vienen los impuestos: ¿de dónde más iba a salir el dinero para pagarlo? El que se opone, tiene un "interés particular" -su bolsa- frente a un interés social -la salud de la población- y un interés social reflejado por la preocupación de la Asociación de Personas Altas de Guatemala. La norma constitucional permite que dicho interés social prevalezca. Y como es un interés social, se convierte en una "necesidad del Estado" y con eso, se cumple con el principio de legalidad material contenido en el artículo 239 de la Constitución.

Ahora bien, si TODOS entendemos que, si bien hay intereses en juego en este ejemplo, ninguno de ellos es "interés social", pues el interés social del 100% de las personas que componen la sociedad guatemalteca es que se emita legislación y se establezcan tributos respetando el principio de IGUALDAD ANTE LA LEY.

De esa cuenta, el respeto de la igualdad ante la ley es el verdadero interés social, pues representa el interés de todos, no de un grupo que vendió su "interés particular" de grupo, frente al interés "individual". Al darse el ejemplo, se está violando el DERECHO INDIVIDUAL de gozar de IGUALDAD ANTE LA LEY, aunque haya diferencias por circunstancias naturales o de cualquier otra índole.

Una ley que protege, fomenta, ayuda o desarrolla una actividad frente a la generalidad simplemente porque hay un grupo de presión que logró argumentar la "sociabilidad" de su deseo, viola derechos. Al violar derechos tan básicos, se viola el interés verdaderamente social.

Allí se la dejo para que medite cuántas distorsiones legislativas aguantamos por el mencionado "interés social"

MÁS GASTO NO. MEJOR ANÁLISIS DE LAS NECESIDADES DEL ESTADO, SÍ.

La intención de este libro es cabalmente hacer consciencia que estamos enfocando nuestras ideas sobre los impuestos en el problema equivocado:

La discusión debe ser "qué necesidades SON del Estado", como dice la Constitución en el artículo 239. La justificación única para el pago de impuestos es que sean "para necesidades del Estado". Hartarse hasta la saciedad no es una necesidad del Estado, como se aprecia acá. Derecho quiere decir dar lo que por "origen" corresponde. Esto no es por origen. Si no hay una justificación de "derecho" para la asignación a dichas "necesidades", no hay obligación jurídica para que el Estado exija impuestos y tampoco hay obligación legal ni moral para su cobro. **La obligación moral es aquella que existe por la naturaleza del reclamo, aunque no se haya cumplido con los requerimientos legales.** Y legal es una obligación moral que se asciende a exigible por vía coactiva. Al no haber "origen jurídico", porque no hay origen moral del reclamo, no existe dicha obligación de pago. Todo esto lo derivo del mismo artículo 239 de la Constitución.

No debe atacarse el problema de la "suficiencia" o "insuficiencia" de los recursos, si primero no establecemos cuáles son las necesidades del Estado por el origen y naturaleza misma de un Estado. No puede confundirse las necesidades de los seres humanos con aquellas del Estado y no puede transformarse la razón de ser de la existencia misma del Estado para justificar gastos sin relación a dicha naturaleza.

El Estado es el monopolio del uso de la fuerza para:

1. Proteger la vida de los ciudadanos

2. Proteger la propiedad justa y legalmente adquirida

3. Hacer cumplir los contratos libremente acordados entre las personas

Todas las demás funciones pueden ser deseables, pero requieren de un cumplimiento de estas tres básicas antes de pensar en otras. La historia de la tributación y del Derecho Tributario sustenta que los tributos son para cubrir dichos gastos y por encima de ello se requiere un acuerdo casi unánime para su cobro. Si se descuidan esas tres funciones connaturales al Estado, caeremos en un estado fallido.

Hemos cumplido la meta de ser un Estado fallido. ¿Qué falló?

¿FINES DEL ESTADO?

La historia nos enseña que quien puede cobrar impuestos tratará a toda costa de cobrar lo más posible.

Si bien el poder tributario es manifestación del poder del Estado, este poder no es absoluto ni ilimitado.

En Guatemala, gracias a una rica historia de abusos por parte de la administración tributaria, se incorporó a la Constitución del año 1985 lo que a muchos es un "candado" constitucional al cobro de impuestos.

Claro que es un candado constitucional. Esa es la razón, su espíritu, su justificación: evitar que quien quiere cobrar impuestos cobre lo que quiera.

Ahora en Guatemala se discute el presupuesto para el año 2011. Los ministros salen pidiendo ampliaciones presupuestarias, eliminar candados legales para reasignaciones del presupuesto, aprobación de bonos y financiamiento para la "reconstrucción". Al lado de ello, nos enteramos de cada vez más actos de corrupción, malversación o priorización dudosa de los recursos tributarios y no tributarios del Estado por parte de la Administración Central.

El texto constitucional establece (artículo 239): *Corresponde con exclusividad al Congreso de la República establecer los impuestos, ordinarios y extraordinarios, arbitrios y contribuciones especiales de conformidad con las necesidades del Estado...*

(luego establece acorde a los principios de equidad y justicia tributaria).

Ahora bien, ya de dudosa calidad es el gasto en los programas de Cohesión Social, no digamos que de dudoso resultado en el largo plazo también. Las acusaciones de corrupción saltan como pulgas en perro callejero. La destrucción por lluvias hace que los ministros[6], pidan "impuestos temporales como para el Mitch".

¿Pero, cuáles son las necesidades del Estado que deben cubrirse con los tributos? Sin entrar en discusiones "ideológicas", seguro que "justicia, seguridad y educación" vienen a su mente...

---

[6] Willy Castillo entre ellos. Para ello, ver el siguiente Extracto de entrevista en el diario Siglo XXI: Ninguno de ustedes está a la fuerza y saben que están asumiendo una responsabilidad; ¿qué respuesta van a dar a ello? Este es un gran reto y una prueba muy fuerte. Cuando voy al Congreso y me citan, pregunto qué Guatemala queremos. Si queremos una con buenas carreteras, estoy convencido de que hay que hacer lo que se hizo en el *Mitch*: un impuesto temporal para hacer esa inversión. Traigamos al BID, a Cepal, que nos apoyen a monitorear, a la contratación, a esta empresa internacional que tengo que contratar para que nos certifique y nos verifique. Hagamos todo eso). Y yo digo: *"Willy, perdón, que Guatemala no ha tenido impuestos extraordinarios nunca: el ISET en el 1991 ya es ahora el ISO, sin dejar de cobrarse, salvo 6 meses durante el año 2004"*.

¿En qué quiere invertir esta administración? En una exposición pictórica conmemorando la revolución del '44[7]. [8]

Ya párenle con la revolución del '44, eliminen esa memoria, que no es más que vivir anclados en un pasado que ni siquiera dio frutos. Veamos hacia el futuro, sin divisiones y centrando la capacidad del Estado a lo que verdaderamente son necesidades y que es la Guatemala que estoy seguro todos anhelamos:

1. Salir de casa con la certeza que SUS derechos son respetados;

2. Que en caso de que dichos derechos sean violados, haya un aparato de justicia que sirva pronta y cumplidamente tan apreciado Bien (justicia).

3. Que tenga la certeza que sus hijos no tendrán, desde su nacimiento, una deuda encima que cubrir, que es lo que la deuda pública está haciendo: hipotecando SU futuro, el de sus hijos y nietos.

¿Es moral pagar impuestos cuando sirven a intereses particulares y no de Estado?

---

[7] La «Revolución del '44» fue un suceso histórico en Guatemala, en el que fue derrocado el Presidente Federico Ponce Vaides el veinte de octubre de dicho año.

[8] Estoy de acuerdo con Luis Figueroa. Ver en su blog (*Carpe Diem*) el artículo «Impudicia Social Demócrata».

NECESIDADES DEL ESTADO

¡Uff! Título que le pongo para complicarme la vida.

Vamos a empezar con una noticia de Siglo XXI que me llamó mucho la atención:

En la noticia se habla del concepto de impuestos "redistributivos" y sus efectos. Se ha hablado mucho de los famosos programas sociales del gobierno de Guatemala. Los más controversiales son Mi familia Progresa y Bolsas solidarias. El diario en mención dice:

> "Pese a la vulnerabilidad, la familia de Álex no forma parte de los 8,440 beneficiarios de la Bolsa Solidaria Rural Temporal, la cual busca ayudar a las familias de los municipios priorizados que viven en comunidades con alto y muy alto riesgo de inseguridad alimentaria.
>
> El programa consiste en la entrega de 1 quintal de maíz, 1 arroba de frijol y 2 litros de aceite vegetal comestible, durante tres meses, que coincide con el término de la siembra y el inicio de la cosecha de granos básicos. Así se explica en un informe de rendición de cuentas del Concejo de Cohesión Social.".

¿Qué tiene esto de importante? Bien, si lee toda la noticia verá cómo la comunidad se queja de la falta de ayuda y clama por ella al gobierno. Los entes burocráticos no asisten a 4 aldeas de Zacapa que representan riesgo alimentario, que ya han sido ubicadas. Las excusas no son importantes, pues el problema es de fondo:

> 1. No corresponde al gobierno salvar la crisis alimentaria. Es cuestión de generación de más riqueza en el país, para lo que los gobiernos no son el vehículo.
>
> 2. La repartición, aunque tengan excusas, obedece a intereses particulares de quienes toman las decisiones: los burócratas. Siempre habrá alguien a quien dejan fuera. No estoy diciendo acá que en este caso particular los intereses sean oscuros y poco nobles -eso júzguelo usted-, simplemente digo que siempre habrá esos criterios. En algunos casos será por razones políticas, por buscar el voto, por quedar bien con algún proveedor, etc.
>
> 3. Las necesidades del ser humano son siempre ilimitadas, pero igualmente, la actividad del ser humano es ilimitada. En estas situaciones hay mucha gente dispuesta a ayudar, siempre que el aparato estatal no esté drenando recursos de fines que son netamente privados: caridad, beneficencia y generación de riqueza, para usarlos con fines particulares y hasta políticos. Ese riesgo siempre estará, principalmente en un Estado cuasi fallido que no podrá controlar la corrupción, salvo que atienda las verdaderas necesidades del Estado.

Esas necesidades del Estado a ser cubiertas -porque es la esencia del Estado moderno- son: justicia, seguridad, relaciones diplomáticas y obras públicas. A eso debe referirse el artículo 239 de la Constitución cuando establece que los tributos deben ser decretados para cubrir las necesidades del Estado.

No se pierda, utilizar los impuestos con fines redistributivos no salvará a nadie que esté en el punto más bajo de la escala de riqueza. Dejemos eso a la actividad bondadosa de los agentes sociales adecuados. A ellos que no pueden coercitivamente cobrar para conseguir el dinero, por lo que usarán el mismo en la forma más eficiente posible y tratarán de dar solución a largo plazo en las comunidades más necesitadas. ¿Quiere ejemplos? Hay muchísimos. Busque programas de esos en el mundo. Empiece con Soros.

Hace poco también leía el Siglo XXI mientras pacientemente esperaba por la nueva batería de mi carro, cuando sorprende la noticia de la cifra de muertes violentas diarias en el país: quince (15.)

Es alarmante que salgan estas cifras. Triste, sin embargo, que la noticia se enfoca en quién es el Ministro de Gobernación. El asunto de la seguridad no es por allí que va. La justicia pronta y cumplida requiere una red de tribunales civiles, menores, conocidos como tribunales de Paz, que resuelvan cobros "insignificantes" de una deuda de un par de gallinas o la garantía de un electrodoméstico de Q200.

El Ministro de Gobernación tiene a su cargo la persecución policial, pero la seguridad del Estado involucra a muchos más actores y con mayor importancia que quien comanda a la policía. El artículo 2 de la Constitución de Guatemala establece que uno de los fines de Estado es la seguridad de la persona. Este fin es del Estado. Una función básica y aneja al Estado, como lo es la tinta a las páginas de un libro.

¿Dónde radica el problema?

La estructura de nuestro sistema jurídico. **Nuestra Constitución que no sirve para lo que debería.** Vea usted: el constitucionalismo surge como el mecanismo para limitar el ejercicio del poder por quien lo ostenta. Ya lo decía Lord Acton.

Lea nuestra constitución y verá que no limita nada, al contrario, establece un montón de nobles deseos y parece que con ello da carta blanca a los gobernantes para que hagan lo que les da la gana. ¿Le parece bueno? Tenemos una enorme repartición de recursos por intereses, *no por prioridades*. Así, el deporte recibe 3% del presupuesto, la USAC el 5%, pero el Organismo Judicial únicamente el 2%.

¿De qué nos sirve una asignación al deporte tan alta, si matan a 15 chapines al día? ¿O destinar 5% del presupuesto a una Universidad cuando sólo 1% de la población llega a ese nivel y repartida en varias otras, pero el 100% de la población requiere seguridad?

La seguridad deviene de la certeza de una consecuencia. Esa certeza da paz. El deber esencial del Estado es el ejercicio del poder público y la coacción. Sin eso, el Estado deja de ser Estado.

De allí, como Locke lo propuso, el Organismo Judicial debe ser el máximo y más importante Organismo del Estado. No son los tribunales penales ni el Ministerio Público y mucho menos el Ministro de Gobernación los principales actores en materia de seguridad.

Allí la importancia de esa justicia menor pronta y cumplida. Si resolvemos el 90% de esos conflictos en los tres días hábiles a que surgen, tendremos paz generalizada. Eso dará seguridad. Una constitución que asigne esas prioridades y obligue a los funcionarios a respetar las esferas de actuación de los ciudadanos, es el primer paso para la seguridad general. Hay que quitarse de la cabeza la idea de que la Constitución es la carta a Santa Claus. No tendremos Navidad así.

LA REVISIÓN HISTÓRICA

Es importante que por un momento nos enfoquemos en estudiar sobre los fundamentos filosóficos de la tributación y los usos de dichos recursos. Es importante analizar estos temas un poco más a la luz de la historia que de los discursos políticos y académicos actuales, ya que ellos traen, muchas veces, el error en sus fundamentos. Esto lo pasamos por alto porque ya es el "mainstream".

Yo soy revolucionario de corazón. Mis héroes intelectuales son revoltosos de hueso colorado. Mi idea es que hay que cambiar al mundo. Que hay que destruir el status quo. Pero no soy de izquierda. Tampoco soy de lo que llamaríamos la derecha latinoamericana.

¿Quiénes son mis héroes?

La gente normal que luchó por romper privilegios arbitrarios y construirse un mejor futuro. Roma tiene muchos de estos héroes. Dejar una monarquía y convertirse en una República, requirió de estos héroes. Algunos han hecho leyenda. Ya en este libro he mencionado algunos.

William Wallace fue inmortalizado en cine por Mel Gibson. La última versión de *Robin Hood*, también es de esas historias. Aunque el verdadero hombre tras el nombre de Robin Hood no es conocido, en esta película encarna el sentimiento que llevaría a

Inglaterra a lograr el reconocimiento de derechos frente al rey.

La historia está llena de esos ejemplos. Guy Fawkes, la leyenda que inspira al misterioso enmascarado en *V with a Vengeance (Con V de Venganza)*. Mis héroes también han sido caricaturas. ¿Ya vio Los Increíbles?

Todos pensaron igual que yo. Algo había que cambiar.

Intelectualmente hay dos caminos: aceptar que se puede planificar la vida de todos. O pensar que cada ser humano puede tomar mejores decisiones por sí mismo.

La primera es una corriente que endiosa la razón a un grado de omnipotencia, la segunda racionalmente acepta límites a esa misma capacidad.

El mundo se desvive por la primera. Es la corriente francesa.

La otra es la que dio origen a la tradición escocesa, fundamento de la estructura constitucional inglesa y americana, de 1776. **Ya no la siguen.**

Encontramos el error en la historia.

La revolución francesa duró pocos años y se le conoció como un régimen de terror, dirigido por Robespierre. De 1789 a 1804, vivieron bajo esa sombrilla. Quisieron cambiar todo. Desde el lado de conducir los caballos por la calle, hasta el nombre de los meses y días de la semana. Hoy perdura solo el lado de conducir, pues es un orden Taxis. Para mantener lo demás, simplemente guillotinaron a todo aquel que estaba en contra. *Linda forma de vivir la libertad, igualdad y fraternidad, ¿verdad?* Ah, sí, en 1811, **Napoleón se coronó emperador. Como los Luises sólo fueron reyes...**

La revolución americana, por su lado, duró hasta que la corriente francesa la alcanzó. Eso pasó con el New Deal de Franklin D. Roosevelt, allá por los 1930s. Desde 1776, hasta el siglo XX, las 13 colonias de la independencia pasaron de sobrevivir, a exportar capital suficiente para decidir la primera guerra mundial.

Latinoamérica tomó el modelo francés.

De los orígenes filosóficos que le comento, surgen:

    A) El **positivismo**, especial trascendencia, el jurídico. Estas corrientes fundamentan a los Nazis y Franquistas, entre otros.

    B) La **dialéctica** y las escuelas de **Hegel** y **Marx**, con su desarrollo en la práctica del leninismo y castrismo.

    C) El **mercantilismo**, con sus intervenciones en toda Latinoamérica y en Guatemala, desde 1871, con la reforma "liberal" -francesa- de Miguel García Granados y Justo Rufino Barrios, la cual pasa por Carrera y Ubico. No muere allí y se revive en los gobiernos militares de 1955 a 1985. Algo modernizado lo encontramos en el gobierno de Álvaro Arzú y la tendencia del FRG liderada por el General Ríos Montt.

D) La **socialdemocracia**, que es un punto medio entre mercantilismo y socialismo, con expresiones en todas las actuales democracias latinoamericanas. Vinicio Cerezo y versiones light como Serrano Elías, a versiones más "duras" en Portillo y Colom, en Guatemala, Evo, Correa, Lula y Chávez, por citar algunos más.

La corriente "escocesa", tiene mucho en común con los estudios teológicos y antropológicos de los cristianos: El único omnipotente es Dios; la razón del ser humano no puede conocerlo todo; el ser humano tiene libre albedrío, que deriva en su libertad de acción en el mundo material. La Salvación es personal, por lo que el ejercicio de la libertad es personal y hay que asumir las consecuencias. El gobierno que permite la salvación individual (la búsqueda de la felicidad) es uno que respete esos parámetros, por lo que debe ser un gobierno limitado.

Es lo que fundamentó la redacción de esa constitución.

El error está en no querer aceptar que el ser humano no puede planificar la vida de todo un país, ya que tendríamos que guillotinar a todos los que no están de acuerdo, aún con algo tan tonto, como cambiar el lado de conducir los vehículos. Un conjunto de reglas básicas, redactadas en sentido negativo, garantiza lo que cada uno puede hacer. Una estructura constitucional que prohíbe a los "tenedores del poder público" hacer más allá de taxativas obligaciones, garantiza esa esfera.

¿Me ayuda a cambiar el status quo y enmendar el error?

¿QUIÉN PAGA EL IVA?

La pregunta es capciosa y causa revuelo, pues los términos son distintos en el derecho tributario al lenguaje económico o político.

Pagar, en Derecho, se refiere a extinguir de modo natural una obligación. Así, el pintor paga, entregando el retrato que le encargaron. En el mundo del IVA, por tanto, resulta que jurídicamente *paga quien hace la presentación de la declaración luego de su cálculo de créditos y débitos*. El consumidor final, en este aspecto, no paga.

Ahora bien, el consumidor final, el cliente, desembolsa, da el dinero, pero no paga. Esto es la percusión o repercusión del impuesto. Pero no el pago.

Es evidente que todo tributo lo "paga", económicamente hablando, el consumidor final. El ISR, por ejemplo, es siempre un costo más para medir el ROI o Retorno de inversión. Allí, sin embargo, no se nota. Cuando usted compra algo, incluye, costo de producción y venta, gastos indirectos, publicidad e impuestos, todos los impuestos, tanto directos como indirectos. A usted, únicamente le revelan el IVA. Esto es importante, porque en Derecho Tributario, paga únicamente el contribuyente o el responsable de la deuda. El consumidor final sufre el efecto, no así el pago. Por ello es vital saber en qué contexto se usa el término por quién habla.

Los políticos venden la idea -los malos asesores también- que los impuestos directos "los paga el comerciante" y el IVA lo "paga" el consumidor. En el primer caso es jurídicamente cierto, no financieramente cierto. En el segundo caso, es financieramente cierto, no así jurídicamente cierto.

Financieramente, todo tributo lo paga el consumidor. Es más, si son muy altos, lo pagará al no tener el servicio o bien, o, encontrando dicho bien únicamente en el mercado negro a precios altísimos.

LA FUNCIÓN DE LOS IMPUESTOS

Esto no es mío... Me lo mandaron por correo electrónico. Ilustra muy bien los errores del sistema impositivo que impera. Así quiere el Gobierno actual, liderados por don Otto Pérez Molina y su flamante ministro de Finanzas, Don Pavel Centeno, que sea la cosa... ¿Quién sufrirá más?

¡¡Excelente explicación!!

Algo tan sencillo como tomarse unos tragos con los amigos, puede darnos toda una lección de vida. Reflexión del sistema tributario.

Todos los días 10 se reúnen en un bar para charlar y beber cerveza. La cuenta total de los diez hombres es de $100.

Acuerdan pagarla de la manera proporcional en que se pagan los impuestos en la sociedad de un país, con lo que la cosa sería más o menos así, según la escala de riqueza e ingresos de cada uno:

Los primeros 4 hombres (los más pobres) no pagan nada.

· El 5º paga $1.

· El 6º paga $3.

· El 7º paga $7.

· El 8º paga $12.

· El 9º paga $18.

· El 10º (el más rico) paga $59

A partir de entonces, todos se divertían y mantenían este acuerdo entre ellos, hasta que, un día, el dueño del bar les metió en un problema:

"Ya que ustedes son tan buenos clientes," les dijo," Les voy a reducir el costo de sus cervezas diarias en $20. Los tragos desde ahora costarán $80."

El grupo, sin embargo, planteó seguir pagando la cuenta en la misma proporción que lo hacían antes.

Los cuatro primeros siguieron bebiendo gratis; la rebaja no les afectaba en absoluto.

¿Pero qué pasaba con los otros seis bebedores, los que realmente abonan la cuenta? ¿Cómo debían repartir los 20? de rebaja de manera que cada uno recibiese una porción justa?

Calcularon que los $20 divididos en 6 eran $3.33, pero, si restaban eso de la porción de cada uno, entonces el 5º y 6º hombre estarían cobrando para beber, ya que el 5º pagaba antes $1 y el 6º pagaba $3.

Entonces el barman sugirió una fórmula en función de la riqueza de cada uno, y procedió a calcular la cantidad que cada uno debería pagar.

· El 5º bebedor, lo mismo que los cuatro primeros, no pagaría nada: (100% de ahorro).

· El 6º pagaría ahora $2 en lugar de $3: (ahorro 33%)

· El 7º pagaría $5 en lugar de $7: (ahorro 28%).

· El 8º pagaría $9 en lugar de $12: (ahorro 25%).

· El 9º pagaría $14 en lugar de $18: (ahorro 22%).

· El 10° pagaría $49 en lugar de $59:(ahorro 16%).

Cada uno de los seis pagadores estaba ahora en una situación mejor que antes: los primeros cuatros bebedores seguían bebiendo gratis y el quinto también.

Pero, una vez fuera del bar, comenzaron a comparar lo que estaban ahorrando.

"Yo sólo recibí $1 de los 20 ahorrados," dijo el 6° hombre y señaló al 10° bebedor, diciendo" Pero él recibió $10"

"Sí, es correcto," dijo el 5° hombre." Yo también sólo ahorré $1; es injusto que él reciba diez veces más que yo."

"Es verdad ", exclamó el 7° hombre. "¿Por qué recibe el $10 de rebaja cuando yo recibo sólo $2? ¡Los ricos siempre reciben los mayores beneficios!"

"¡Un momento!", gritaron los cuatro primeros al mismo tiempo. "¡Nosotros no hemos recibido nada de nada! ¡El sistema explota a los pobres!"

Los nueve hombres rodearon al 10° y le dieron una paliza.

La noche siguiente el 10° hombre no acudió a beber, de modo que los nueve se sentaron y bebieron sus cervezas sin él. Pero a la hora de pagar la cuenta descubrieron algo inquietante: Entre todos ellos no juntaban el dinero para pagar ni siquiera LA MITAD de la cuenta.

Y así es, amigos y amigas, periodistas y profesores universitarios, gremialistas y asalariados, *profesionales y gente de la calle, la manera en que funciona el sistema de impuestos. La gente que paga los impuestos más altos son los que se benefician más de una reducción de impuestos. Póngales impuestos muy altos, atáquenlos por ser ricos, y lo más probable es que no aparezcan nunca más. De hecho, es casi seguro que comenzarán a beber en algún bar en el extranjero donde la atmósfera es algo más amigable.*

Moraleja:

" El problema con el socialismo es que uno termina quedándose sin el dinero de la otra gente".

Ya lo dijo Margaret Thatcher:

"El socialismo fracasa cuando se les acaba el dinero... de los demás"

Para quienes comprenden, no es necesaria una explicación.

LOS IMPUESTOS OCULTOS

Un tema controversial. Se habla que es mejor gravar con los llamados "impuestos directos" que los "indirectos", pues en los directos se es más justo al gravar a los "ricos", mientras que, con los indirectos, se grava a los pobres consumidores. Se dice así que aumentar los impuestos directos permite mejor redistribución de la riqueza. Ya acá tengo objeciones, pero las dejo para otra oportunidad. Mientras que aumentar los impuestos indirectos "aumenta los precios" para los consumidores.

Esto, sin embargo, no es cierto. Lo único que demuestra es una postura demagógica. Veamos:

¿Qué busca el empresario cuando hace una empresa?

Una rentabilidad. Espera un retorno sobre su inversión.

Los impuestos directos, entonces, no son más que parte del costo de ese retorno de inversión. Por ello es que siempre se buscará trasladar el impuesto al precio. Según la elasticidad de la demanda de dicho producto en ese mercado, será o no posible. Si no es posible, dejará de producir u optará por mecanismos que abaraten dichos costos. El precio, por tanto, incluye el cálculo económico de dicho impacto tributario, simplemente el consumidor no puede saber cuánto es.

¿El pago de impuesto, la tarifa efectiva, es el único costo que se calcula en la ecuación?

No. El empresario calcula sí impacto directo, su tasa efectiva de tributación: qué porcentaje de su ingreso bruto se queda como impuestos en el gobierno. Luego calcula el costo de cumplimiento. A mayores requerimientos, complejidades legales, ambigüedades, frecuencia de fiscalización, tiempos de ajustes y costos de litigio tributario, mayor costo de cumplimiento. Cada nuevo requerimiento que una administración tributaria formula a un contribuyente, conlleva costo para el contribuyente. Es así como ese costo, el costo de cumplimiento, también es trasladado al precio o bien, evadido por mecanismos legales o ilegales. Hay así un impuesto oculto, también incorporado al precio.

¿De dónde sale la riqueza de los contribuyentes gravados por impuestos directos?

Sale de su capacidad de satisfacer necesidades de muchas personas. Un producto o servicio que no es apetecido por el público, no es consumido y, por tanto, el empresario no lo vende y con ello, no obtiene ingresos, que resulta que son lo que se convierte en "recaudación". Es así que el impuesto es un costo al más eficiente y mejor satisfactor de necesidades de la población. Si los costos impositivos suben tanto que su retorno de inversión deja de ser atractivo, se dedicará a otra cosa, lo hará en la informalidad o lo hará en otro país.

El **impuesto indirecto**, por su parte, es visible -

usualmente- y el consumidor sabe cuánto pagó por algo y cuánto por impuesto. Digo usualmente porque hay mecanismos que obligan a no revelarlo, como el impuesto a combustibles en Guatemala. Se paga el impuesto únicamente cuando se consume no cuando se gana dinero o se ahorra. Esto implica que tengo pleno control -no quiero entrar a la discusión del que no se puede controlar, gasta en cosas superfluas o que "necesita" consumir tal o cual producto, que no son la generalidad y no son necesariamente los consumidores más responsables- de lo que estoy dispuesto a pagar de impuesto. Se premia al ahorrador, al previsor, al cauto.

Dicho esto, realmente **todo impuesto lo paga siempre el consumidor**, ya sea desembolsando dinero, sufriendo las consecuencias de un mercado negro o no pudiendo comprar tal o cual satisfactor.

CAPACIDAD

SOMOS HUMANOS, SOMOS IGUALES

¿Es usted igual a su vecino? ¿Es usted igual a su pareja?

Basta una pequeña observación para darse cuenta qué sí y no. Entre los seres humanos existen grandes similitudes. Es como ver dos leones o dos tigres. Morfológicamente son iguales. Es muy difícil diferenciar uno del otro si no se está entrenado. Los seres humanos nos vemos así para los animales. TODOS iguales.

Con una simple observación podemos también establecer las diferencias. Hombres y mujeres son morfológicamente distintos. Nadie puede negar eso. Los rubios son distintos a los morenos. Los altos son distintos a los bajos. Etcétera.

Innegablemente todos tenemos diferencias externas. Mucho más, las tenemos internamente. El CI[9] de cada persona es distinta. El temperamento también. La personalidad se manifiesta en cada uno de manera distinta. Las habilidades, debilidades, virtudes y defectos nos hacen únicos. Lo que logramos en la vida, como relaciones interpersonales, logros laborales, capacidades físicas o deportivas, resultados intelectuales... todo es distinto de uno a otro ser humano. Eso es lo natural.

---

[9] Coeficiente intelectual

Es por ello que el Derecho toma las semejanzas para legislar a partir de ellas y toma las diferencias para respetarlas.

En el Derecho Tributario se gestan dos principios que buscan hacer compatibles las diferencias y las semejanzas del ser humano:

1. Generalidad;

2. Igualdad.

Antes de explicarlos en detalle, debemos reconocer que estos principios tributarios se derivan del principio básico de igualdad ante la ley.

La igualdad ante la ley parte de la declaración de independencia de los Estados Unidos -en el mundo moderno- cuando se dice: "Sostenemos como evidentes por sí mismas dichas verdades: que **todos los hombres son creados iguales**; que son dotados por su Creador de ciertos derechos inalienables; que entre éstos están la Vida, la Libertad y la búsqueda de la Felicidad."

El principio de igualdad ante la ley es, por tanto, uno de esos derechos inalienables. Es un derecho por el simple hecho de ser humano. De allí derivan las consecuencias necesarias: la ley debe tratar a todos los seres humanos de igual manera. Es un medio, pues el resultado: LA BÚSQUEDA DE LA PROPIA FELICIDAD, es un derecho inalienable e IGUAL para todos los seres humanos. El resultado de esa búsqueda será distinto para cada uno.

A través de la historia, sin embargo, se ha distorsionado dicho principio. Siga leyendo.

La generalidad es entonces un medio para lograr que **el ser humano no pueda evadir el cumplimiento de la ley por razones externas a su naturaleza**. Antes de la instauración del principio, si bien todos éramos "humanos", no todos éramos "iguales" y por tanto, las leyes no eran "generales". Los nobles, clérigos, militares y otras "categorías", tenían normas especiales o bien no se les aplicaban las normas que se aplicaban a los demás.

La generalidad es quizás uno de los pocos frutos reales y positivos de la Revolución Francesa -como principio, no en la práctica de dicha época. En ese momento -1789- se buscó abolir todos los privilegios que la nobleza tenía. En principio -como dije- ésa era la idea. En la práctica fue simplemente una excusa para seguir la recomendación de la Asamblea por moción del Dr. Joseph Ignace Guillotin, "...a fin de que la pena de muerte *fuera igual para todos, sin distinción de rangos ni clase social*. En efecto, hasta entonces sólo los miembros de la aristocracia tenían el privilegio de ser ajusticiados sin agonía: eran decapitados con una espada o un hacha. En un principio, Marat había apodado la máquina *Louison* o *Louisette* (diminutivo femenino del apellido *Louis*)".

El origen algo espeluznante del principio de generalidad se extendería luego a nuevos horizontes. Se abolieron en nombre de la generalidad exenciones para nobles, cleros, gremios y otros. Ahora prevalece el principio de que "todos los seres humanos" deben

45

contribuir al sostenimiento del Estado en iguales condiciones.

Esto empalma ambos principios. La generalidad es la sombrilla. Todos debemos colaborar. La igualdad es el matiz.

Guatemala recoge el principio de generalidad tributaria en el artículo 135:

> **ARTICULO 135.- Deberes y derechos cívicos.** *Son derechos y deberes de los guatemaltecos, además de los consignados en otras normas de la Constitución y leyes de la República, los siguientes:*
>
> *a) Servir y defender a la Patria;*
>
> *b) Cumplir y velar, porque se cumpla la Constitución de la República;*
>
> *c) Trabajar por el desarrollo cívico, cultural, moral, económico y social de los guatemaltecos;*
>
> *d)* **Contribuir a los gastos públicos, en la forma prescrita por la ley;**
>
> *e) Obedecer las leyes;*
>
> *f) Guardar el debido respeto a las autoridades*
>
> *g) Prestar servicio militar y social, de acuerdo con la ley*

La igualdad la tenemos en el artículo 4:

*ARTICULO 4o.- Libertad e igualdad. En Guatemala todos **los seres humanos son libres e iguales en dignidad y derechos**. El hombre y la mujer, cualquiera que sea su estado civil, tienen iguales oportunidades y responsabilidades. Ninguna persona puede ser sometida a servidumbre ni a otra condición que menoscabe su dignidad. Los seres humanos deben guardar conducta fraternal entre sí.*

La igualdad es un medio. Iguales derechos para los seres humanos. Iguales obligaciones. El Derecho, sin embargo, busca la justicia, de manera que la igualdad a *raja tablas* podría resultar en una injusticia bárbara. Por ello la igualdad se matiza para que en cada situación particular, el sujeto pueda atender a sus obligaciones dentro de categorías razonables. La igualdad como un medio es lo **Jurídico**. Busca iguales cargas a misma -igual- capacidad de contribuir. No es una igualdad "categorizada" de derechos, sino una igualdad matizada, ajustada -por la equidad y justicia- en cuanto a las cargas u obligaciones. Hablaré en un artículo futuro de esta igualdad como medio más a detalle. El Derecho busca entonces, proteger a los seres humanos en su calidad de seres humanos. Atenúa las cargas conforme a la justicia, pero trata igual a todos los que están en iguales circunstancias.

La igualdad no es un fin del Derecho, pues sería antinatural. Empezaba el artículo diciendo que "Sí y No". Somos iguales como seres humanos, no así en los detalles o particularidades que nos hacen "individuos únicos e irrepetibles". La ley no puede buscar que todos seamos iguales en los detalles. Tampoco puede pretender la ley que seamos iguales en los resultados externos que obtenemos. No puede la ley limitar la cantidad de éxito financiero que obtengo gracias a mis habilidades. No puede la ley impedir la felicidad conyugal de quien se aplica a la relación de pareja. No puede la ley limitar la posibilidad de una idea que se le ocurre a X y no a Y. Todos esos resultados son parte de la búsqueda de la felicidad.

Si la ley estableciera que usted debe entregar todo aquello por encima a una cierta cantidad -imaginemos- Q36,000.00 al Estado, para que TODOS seamos IGUALES en ingresos, se generaría una gran injusticia. La ley es por tanto un medio para mantener la igualdad como seres humanos. Esa igualdad natural. No es, ni puede ser, un mecanismo para buscar una igualdad externa.

Tributariamente, la igualdad implica que se miden ciertos parámetros reconocidos como "capacidad contributiva o de pago". A igual capacidad de pago, igual carga tributaria. La generalidad implica que todos deben contribuir al gasto público. Los límites a la generalidad están dados por razones de capacidad de pago: las exenciones sólo pueden existir por razones de falta de capacidad de pago. No son admisibles las exenciones por actividad, región, raza, credo, clase social u otras. La igualdad se logra, cuando las capacidades de pago agrupadas en categorías razonables sufren la misma carga impositiva. Tributariamente no es aceptable que se busque igualar la capacidad de pago después de impuestos, sino que se parte de la capacidad de pago, para establecer la carga impositiva.

Disfrute su calidad de ser humano. Disfrute su igualdad como ser humano. Celebre las diferencias.

CARIDAD, SOLIDARIDAD, RESPONSABILIDAD SOCIAL, SENSIBILIDAD SOCIAL

La tributación en Guatemala debe regirse por principios básicos que el mundo ha forjado a lo largo de la historia.

No obstante, existe una discusión ideológica que enaltece los ánimos sin permitir dilucidar la verdad.

Hay conceptos que son el "caballito de batalla" para lograr elevar la tributación. Se centran en tocar el corazón de todos para volver a los contribuyentes unos ciudadanos que ejerzan la *caridad, solidaridad, responsabilidad social* y otros...

Sin embargo, y acá deja de hablar el abogado para darle paso al estudioso de los valores, el concepto primordial para el ejercicio de los valores es el de **libertad**. La libertad implica la posibilidad de hacer o dejar de hacer. La posibilidad de escoger una forma u otra de satisfacer las necesidades, inclinaciones, gustos y hasta caprichos. La libertad implica una decisión individual, sin intromisión ni coerción de ninguna persona o ente. De tal manera que cualquier valor que ejerza en mi vida, cualquier valor que usted hace suyo, lo será únicamente cuando existe esa libertad por la cual usted ha escogido cumplir o no. El nivel de tributación en un país está atado al costo de vivir en sociedad. No a la caridad de las personas, pues las personas serán caritativas únicamente cuando no están sujetas a sanciones. Si hay una sanción se está frente a un instrumento coercitivo. La coerción anula el ejercicio de un valor. De esa cuenta no se puede pretender que la gente pague impuestos porque es "caritativa" o "solidaria". Paga porque debe.

En la Constitución de Guatemala se incorporó el mandato-limitación al Congreso de establecer tributos conforme a las necesidades del Estado. Para determinar dichas necesidades no podemos más que observar lo que los ciudadanos que pagan consideran necesidades. Esto se encuentra en la recaudación voluntaria. Lo que se recauda sin ejercer la facultad de fiscalizar está en directa correlación con lo que las personas consideran necesidades del Estado.

Si el destino de los recursos tributarios son considerados necesidades importantes, los contribuyentes pagarán. Voluntariamente. Si no hay esa relación, la recaudación caerá. ¿Puede ser esa la razón de la existencia de las grandes porciones de mercado informal en países como Guatemala?

HAGA UNA RICA LANGOSTA: LEY DE EXTINCIÓN DE DOMINIO

Tengo un montón de cosas más importantes, en mi vida, pero esto es importante para el país.

La famosa ley de extinción del dominio, <u>como dice LuisFi, es una "wizachada"</u>. Ni modo. Quiere leer la ley. Vaya al sitio del Congreso. Acá está el link: http://www.congreso.gob.gt/archivos/iniciativas/registro4021.pdf

Eso es claro para los que entendemos un poquito de "debido proceso", "protección constitucional", "presunción de inocencia" y demás.

No es una cosa de persigamos a los malos y hagamos todo lo malo que podamos con ellos. ¡No! Es una cosa de principios.

A lo largo de este libro, he discutido sobre cuáles son los orígenes de ciertos principios y su aplicación en el Derecho Tributario. El Constitucionalismo entero es el resultado de una lucha de siglos por limitar y determinar el límite al ejercicio del poder.

¿Sabe cómo se hace la mejor langosta? Se toma viva y se calienta el agua, hasta que esté cocida. Aderece a su gusto el agua, antes de calentar. De la misma manera se pierde la libertad y el límite que tantos siglos ha costado.

Las cosas no tienen derechos. Siempre las tienen las personas.

Esta ley pretende que las cosas tengan la "sanción", no "las personas", quienes seguirán siendo "inocentes". ¡Hágame el favor!

Si le quitan su casa porque dicen que la cosa es "presuntamente de origen ilícita", hace que usted sea "sancionado", sin juicio. Si no, ¿explíqueme cómo le quitaron algo que es suyo, sin haberlo condenado? ¿Qué pasa si resulta que usted es inocente dentro de cuatro años? Esto es la zanahoria para aderezar la langosta.

<u>Acá está la cebolla</u>: Es imposible pensar que las "cosas" tengan derechos. Pregúntele a su computadora si firmó con usted un contrato de servicios profesionales, si siente apropiada la compensación... Es "SU computadora".

<u>Mire el ajo y albahaca</u>: Se pierde el derecho de propiedad sobre bienes "de procedencia lícita, pero que hayan sido utilizados o destinados a ocultar o mezclar bienes de ilícita procedencia" ... lo que quiere decir que, si usted tiene locales comerciales o una casa y la da en "arrendamiento" a alguien, que resulta que lo acusan de los delitos que están allí, le quitan su casa o local.

Mariano Rayo me dirá: "Es que hay un procedimiento", pero son babosadas, disculpen, porque la Constitución dice claramente que nadie es culpable, mientras no se haya probado lo contrario en un tribunal (principio formal) y para ello debe ser citado, oído y vencido (principio material). El procedimiento expedito y con apelación -ahora- en 48 horas, es ridícula, pues busque y prepare su prueba en 48 horas, cuando no ha sido citado más que para que le informen que su casa ya no es suya. Y, es más, le informen al delincuente presunto que vivía allí, cuando va camino al preventivo.

El debido proceso material implica, definitivamente, que usted y sus cosas, son inocentes, hasta que les prueben lo contrario, no "independientemente" de la sentencia penal. Allí le va el cilantro.

Un poco de picante, le recomiendo chiltepe o chile piquín: mientras se discute, vea usted dónde vive, porque los bienes ya están en poder del Estado. El Fiscal, no el juez, llevan el procedimiento y el juez, sólo lo "aprueba". Usted puede alegar, pero no le dan los bienes. Es decir que usted es culpable desde el inicio. "No es la cosa", gritan en el Congreso… Así como muchas otras cosas que no entienden.

Esto es cuestión de principios. Lo que tiene plumas, camina como pato y hace "cuac cuac" sin producir eco, es un PATO.

Sirva en un plato con salsa de mantequilla, adornado con perejil colocho.

Cambiarle el contenido a las palabras es algo de lo que aquella novela de George Orwell se encargó de explicarnos llevaría a la sociedad a un régimen totalitario sin salida.

Además, si leyó la noticia de arriba, resulta que a puerta cerrada lo que los congresistas quieren es que a los funcionarios no les aplique la "presunción.

OBLIGATORIEDAD

SOMOS ESCLAVOS

Caminando por mi blog encontré a alguien que tiene una entrada completa dedicada a frases sobre impuestos. Allí encontré una de una autora que estoy leyendo ahora, que se las comparto como reflexión:

> *Una sociedad que roba a un individuo el producto de su esfuerzo...no es estrictamente hablando una sociedad, sino una revuelta mantenida por violencia institucionalizada.*
>
> *Aquel que produce mientras otros disponen de su producción es un esclavo.*
>
> *- Ayn Rand*

EL PAPEL DE LA CONSTITUCIÓN

El esqueleto normativo de cualquier sociedad tendrá, obligadamente, que ser su Constitución. No como puede ser visto por algunos, por el hecho de contener el catálogo programático de los "fines sociales", es decir, por contener los lineamientos y objetivos del Estado, sino por establecer el límite al poder encomendado a unos pocos y ciertos mecanismos estructurales que permiten tomar decisiones dentro de los campos permitidos a ese poder.

Como explica el profesor Jorge Carpizo en su obra Estudios Constitucionales, la Constitución para algunos, los adeptos a la doctrina constructivista, parte de la convicción que "... se puede realizar una ordenación total del Estado, de una vez y para siempre, en el que queden subsumidos todos los casos particulares" y agrega que "la posibilidad de la razón para hallar ese ordenamiento inmutable y que proporciona el orden y la estabilidad política. En esta forma la Constitución no sólo es expresión de un orden, sino que es la creadora del mismo." Esta concepción, como se ve, implica que ese orden se supedita a una voluntad expresa y conocida, que puede establecerle fines específicos.

La historia nos demuestra que lo anterior no fue lo que se tenía en mente cuando se redactó y promulgó la primera constitución escrita de la historia moderna: la de la Unión Americana.

La Constitución de los Estados Unidos de América fue pensada primordialmente como un mecanismo para limitar los poderes de quien lo ostentara. No fue una decisión simple, sino que se da en un proceso en el que los colonos se dan cuenta que la Constitución británica no podía ser invocada con éxito frente al Parlamento, por lo que "...llegaron a la conclusión que tenían que edificar los cimientos que faltaban...", por lo que redactaron una constitución con el fin de establecer un gobierno limitado. Era un documento que buscaba únicamente limitar los poderes de quien estuviere en el gobierno, llámese rey, congreso, parlamento o senado.

El sistema parece que puede dar grandes resultados, crear la economía y el nivel de vida más alto de la historia en tan sólo unas cuántas generaciones. Basta ver la historia desplegada, en alrededor de 5,000 años, bastaron menos de 200 años -1776 a 1920- para que los Estados Unidos de América pasara de ser un grupo de colonias sobreviviendo, a convertirse en el país que representa alrededor de un tercio de la "economía" mundial.

He dicho que esta Constitución fue la primera, y por lo tanto debe ser el modelo que muchas otras constituciones del mundo han seguido. Es además la de más larga vida, pues es básicamente la misma que al momento de iniciar su aplicación. ¿Cuál ha sido el error en las otras Constituciones? Me atrevo a decir que el error radica en nosotros mismos y los espejismos que creemos –en esa Fatal Arrogancia, pues gracias a "...la restringida capacidad de nuestra inteligencia, los objetivos inmediatos aparecen siempre muy importantes y tendemos a sacrificar a ellos las ventajas a largo plazo" y se inicia con la era de las "Constituciones progresistas" que bajo la idea de otorgar el poder de los gobernantes, incluyen funciones específicas y metas a cumplir, desvirtuando la figura de un control del ejercicio del poder, volviendo las mismas un catálogo de funciones y metas por alcanzar, creando, no un poder limitado, sino un poder ilimitado, circunscrito al cumplimiento de esos fines programados.

La actual Constitución Política de la República de Guatemala data de 1985, con inicio vigencia en 1986. Recuerdo que en aquel momento, a pesar de haber contado con sólo 10 años, se me presentó la Constitución como la salvación a nuestros problemas, se dijo que su contenido y redacción eran de lo más progresista y moderno, en el que el gobierno debía cumplir con metas establecidas para lograr el bien común.

A esa edad, sin comprender nada de lo que oí, creí que todas esas palabras significaban algo bueno. Ahora comprendo que lo único que esas palabras querían decir es que quien ostentara el poder podía hacer lo que quisiera, siempre y cuando lo justificara como una de las metas "constitucionales". Basta leer algunos artículos de nuestra Constitución para comprender lo que digo. Por ejemplo, el derecho a la libertad de acción, es decir, el poder hacer cualquier acto que no atente contra la propiedad, vida o libertad de otro individuo, se convierte en un derecho garantizado en el sentido que todos pueden hacer todo aquello que la "ley" no prohíbe. Y "ley" será aquello que el Congreso de la República decrete y el Presidente de la República promulgue, con lo que la limitación del poder no es más que un espejismo formal, ya que es totalmente discrecional, según la concepción ideológica de quienes los ostentan, y no un claro dique para su ejercicio.

Nuestro sistema constitucional no es más que un sistema que permite a una minoría electa (gobernantes: diputados, ejecutivo, etcétera) por una mayoría temporal y relativa (únicamente al momento de la elección y dentro de las personas que emitieron voto válido, no de toda la población) establecer el contenido de las limitaciones a todos y cada uno de nosotros.

Nada escapa de este espejismo de contar con un sistema constitucional. La potestad de imponer tributos está contenida en ella y regulada de la misma manera que la libertad de acción, utilizada como ejemplo en líneas anteriores.

Si vemos el contenido de la Constitución en cuanto a la materia impositiva, encontraremos que:

Corresponde con exclusividad al Congreso de la República, decretar impuestos ordinarios y extraordinarios, arbitrios y contribuciones especiales, conforme a las necesidades del Estado y de acuerdo con la equidad y justicia tributaria, así como determinar las bases de recaudación...

Exploraremos en las siguientes entradas la interpretación de estas normas.

CONSTITUCIÓN COMO GARANTÍA

Protegido por ese formalismo y alejado más de la cuenta de la realidad social, el jurista ha vivido durante muchos decenios cobijado dentro de una aséptica coraza profesional. Para él no había leyes justas o injustas. Sólo había "leyes" procedentes de un poder legislativo capaz de promulgarlas, sin entrar siquiera a considerar si tal poder era el derivado de una Constitución democráticamente aprobada o coincidía sin más con la voluntad soberana de tal o cual dictador. El positivismo jurídico desembocó así en la pérdida de conciencia ética y crítica por parte de muchos juristas. Recientemente se ha denunciado este fenómeno y se ha demandado la recuperación por parte de los juristas de una conciencia política no desgajada de su trabajo profesional. Las valoraciones éticas y la postura crítica respecto al Derecho vigente son enfoques que el jurista no debe situar en un plano lejano y metajurídico, aunque en su mano no esté siempre, como es obvio, la posibilidad de derogar o simplemente de arrinconar en el olvido las normas formalmente vigentes.

- TOMÁS Y VALIENTE, F., "Manual de Historia del Derecho Español", Editorial Tecnos, Madrid, 1979, p. 629.

Aunque densa la cita, simplemente implica que la ley no es ley porque cumplió un proceso formal legislativo. No todo lo que se "promulga" tiene la calidad moral de ser obligatoria. Tenemos leyes que favorecen matar a una persona, raza o religión, perfectamente bien promulgadas, pero no por ello "justas" en el sentido de moralidad que la hace obligatoria.

De allí deriva el papel primordial y único que una Constitución debe cumplir: proteger al individuo de quien ostenta el poder del Gobierno.

La Constitución es la garantía que los derechos inherentes no serán violentados por ningún órgano gubernamental, ya sea el Ejecutivo, el Legislativo, el Judicial o cualquier otro en que se haya constituido realmente. La "inherencia" de dichos derechos es lo que permite calificar una ley de "justa" o "injusta", o en otras palabras, de moralmente obligatoria o no.

Por esta razón la esfera de derechos individuales debe ser protegida de manera absoluta, como la **tradición constitucionalista pura lo concibe**. Ya comentamos que la primera constitución moderna nace de la Revolución Americana y ese documento que gritó independencia: la búsqueda de la felicidad de cada cual. En esa frase se condensan los derechos individuales inherentes.

En el siglo XX pasado, la inherencia de dichos derechos cedió ante un concepto desviado y quizás absurdo de "democracia". Esta palabra perdió su sentido real, para convertirse en una regla de toma de decisiones sobre la premisa de una "mayoría soberana". Sin embargo, el argumento de la decisión mayoritaria no puede ser suficiente para invadir la esfera de derechos individuales y menos los inherentes. Si se permitiera dicho discurso caeríamos de nuevo en regímenes tan mayoritarios y "democráticos" como el Nazi en Alemania, que es precisamente lo que muchos gobiernos -si no es que todos- buscan lograr. Algunos con mejores intenciones que otros, bajo una regla de mayoría pretenden despojar al individuo de sus esferas más privadas, para convertirse en un parámetro moral "por mayoría". Nada más peligroso.

Esto puede parecer absurdo y extremo, pero debemos recordar que las "leyes" Nazis fueron aprobadas por un parlamento democráticamente electo, dirigidas contra las minorías étnicas y religiosas, un hecho histórico que hoy se considera como abominable. La evidencia de las posibilidades de abuso de la regla de la mayoría es abrumadora y aún así, en el mundo jurídico -político, profesional y académico- se sigue escuchando que '**dura lex sed lex**' sin entrar a considerar si el contenido de dichas "leyes" es o no Derecho. Derecho será únicamente aquella regla parlamentariamente proclamada que cumple con los presupuestos morales para ser obligatoria.

Bajo el argumento que la representación parlamentaria es suficiente para dictar, emitir y dar validez a cualquier "ley" se pueden cometer, como de hecho se han cometido y siguen cometiéndose, grandes injusticias y crímenes. El abuso de poder no es un fenómeno del absolutismo francés del Rey Sol, sino que de cualquier absolutismo, si no, vale recordar los crímenes cometidos por la propia Asamblea Revolucionaria en el nombre de la libertad.

El poder sin límites es altamente peligroso, tanto que ***la historia de la humanidad es una lucha constante por limitar dicho poder***. El Constitucionalismo y la separación de poderes promulgada por Montesquieu y Locke son el mecanismo encontrado para limitar el poder 'soberano' y proteger a los individuos de ese poder. Sin esas limitaciones el capricho del gobernante de turno, ya sin importar si es un ente colectivo o unipersonal cometería los abusos que se le antojaran. De la misma manera un parlamento, bajo el argumento de la representación mayoritaria, declararía "leyes" que violentarían los derechos de minorías. La simple separación de poderes, como las Constituciones de corte francés -varias de las Latinoamericanas- padecen el grave vicio de no ser limitaciones Constitucionales. Especialmente las constituciones más "modernas" y "progresistas", incluyen provisiones que amplían las esferas de decisión e intromisión de los órganos estatales, sin cumplir con su papel de limitar el poder.

Es, pues, misión del jurista cuestionarse y pronunciarse contra cualquier intento de utilizar argumentos demagógicos y populistas para crear lo que Tocqueville llamó Dictadura de las Mayorías.

El tema de los impuestos pasa por el mismo problema. La Constitución debe necesariamente limitar el poder de establecerlos. Dichas limitaciones deben trascender de las necesidades particulares de un gobernante, así como de sus caprichos. Una vez que la legislación tributaria pasa de dichos límites, la obligación moral de pagarlos está extinguida, pues hay una clara comisión de abuso de poder por parte de los entes encargados de establecerlos, cobrarlos y utilizarlos.

Estas páginas pretenden incluir este análisis. Espero estarlo logrando.

PAGAMOS SI HAY CONSENTIMIENTO

La Constitución debe ser el documento que limite el ejercicio del poder. No hay manifestación del poder de imperio más controversial ni más directo en el individuo que el poder de establecer tributos.

Los términos han evolucionado por años de confrontación ideológica y lucha -muchas veces sangrienta- por lograr aquello que las Colonias Británicas en América establecieron como límite al poder: **La búsqueda de la propia felicidad**.

El bien común se definió de esa manera en los documentos que dan origen a lo que ahora conocemos como los Estados Unidos de América. El bien común es la razón y límite de las Constituciones.

El poder de decidir sobre la vida, de juzgar, de usar la fuerza, de enviar a la guerra y de cobrar tributos: todos elementos de ese poder "soberano" que la historia nos demuestra que el ser humano siempre ha querido limitar.

El monopolio de la fuerza se justifica únicamente en el sentido de mantener el orden en la sociedad. ¿Qué debe entenderse por "orden en la sociedad"? Ese debate ideológico ha causado muchas muertes y derramamiento de sangre en los anales de la historia. Los colonos de aquel comité que mencionamos capítulos atrás lo definieron en la fórmula que mejor lo dice: **la búsqueda de la propia felicidad**.

El poder del soberano, del Estado, debe garantizar las situaciones generales necesarias para que cada cual lleve a cabo **SU BÚSQUEDA de lo que lo hace feliz**. El Estado no puede garantizar que cada uno lo logre, simplemente porque cada uno tendrá una definición diferente, propia y única. Mi felicidad no será su felicidad; mi felicidad no necesariamente corresponde con la suya y por tanto, aunque yo ostentara el poder, no puedo -moralmente no se me permite- imponer en usted ningún parámetro bajo pretexto que eso lo llevará a "su felicidad". Esas condiciones generales son lo que aquellos colonos descubrieron, plasmaron en sus textos constitucionales -declaración de independencia y constitución de la Federación- y lucharon por lograr. Lo que era común a todos los colonos era esa creencia y necesidad de ser dejados a su libre determinación. Esa concepción los llevó a unirse y buscar un "bien común" a todos, ya que todos deseamos alcanzarlo, pero ninguno puede imponerlo al otro.

Esa concepción de bien común es lo que justifica la concentración de poder en los órganos del Estado e incluye el poder de establecer tributos.

Por ello, en las estructuras democráticas, se coloca la potestad de definir los tributos en los parlamentos. Son los parlamentos los que llevan la voz de todo ciudadano que busca su propia felicidad. Son los parlamentos los vehículos para establecer dichas condiciones generales para que cada ciudadano, cada individuo, esté representado y pueda buscar SU PROPIA FELICIDAD.

De allí el grito de guerra de la Revolución Americana: *No taxation without representation*. Un grito de guerra que no surgió en la Revolución Americana, sino que muchos años antes, allá por el año 1215 cuando se obligó al rey Juan Sin Tierra de Inglaterra a firmar un documento que daría origen, con el pasar de los siglos, a los fundamentos de los Estados Constitucionalmente limitados.

En la historia, se menciona que la Revolución Americana surgió porque las colonias no querían pagar el impuesto al té... Realmente el fondo es mucho más profundo que eso. Los Colonos no buscaron realmente la independencia de la corona inglesa desde el principio. Muchas campañas fueron realizadas para lograr REPRESENTACIÓN ante el Parlamento Inglés y comitivas diplomáticas fueron enviadas a tratar de lograr que el Rey Jorge dejara de abusar sus poderes en las colonias americanas.

De esa manera, el Parlamento impuso un tributo al té, el cual fue mal visto en las colonias americanas. Las colonias trataron de nuevo de lograr la representación en el parlamento, pues era un Derecho Inherente a cualquier ciudadano inglés, que cada tributo debía ser establecido por medio de su consentimiento prestado por la representación en el parlamento. **Las colonias no estaban representadas**.

Los Colonos argumentaban que sus derechos como súbditos de la corona inglesa les permitían representación directa en el Parlamento y que sin dicha representación directa, los tributos que el Parlamento les imponía eran inconstitucionales. En el año 1773, el Parlamento deroga el impuesto al té -sin representación de las Colonias- y el resultado de dicho acto fue tomado como un "insulto" a las colonias. Los hechos desembocan en lo que fue la conocida Fiesta del Té de Boston. Movimiento precursor de la guerra de independencia. Las colonias hubieran pagado y seguirían siendo colonias, si tan sólo se les hubiera dado la representación que exigieron. La obligación de pago nace cuando hay consentimiento y el consentimiento surge de la representación parlamentaria bien ejercida.

La representación parlamentaria directa, por tanto, es desde hace mucho tiempo considerada un derecho inherente y constitucionalmente protegido, que legitima la imposición de tributos.

En Guatemala, dicha representación está contenida en el artículo 239 de la Constitución que establece que "Corresponde con exclusividad al Congreso de la República establecer impuestos ordinarios y extraordinarios, arbitrios y contribuciones especiales…"

HASTA CUÁNTO DEBEMOS PAGAR

La cultura tributaria como la promueve la Administración Tributaria de Guatemala parece que es de una vía: pague, pague, pague y no discuta. Si discute, usted no tiene "cultura tributaria".

Eso es como que el rey Juan Sin Tierra se pare frente a Buckingham y proclame un edicto del Rey estableciendo el pago obligatorio… Ya sabemos en lo que eso paró *(Vea: Pagamos si hay consentimiento)* De allí el grito de guerra de la Revolución Americana: *"No taxation without representation"*. Un grito de guerra que no surgió en la Revolución Americana, sino que muchos años antes, allá por el año 1215 cuando se obligó al rey Juan Sin Tierra de Inglaterra a firmar el documento que daría origen, con el pasar de los siglos, a los fundamentos de los Estados Constitucionalmente limitados.

La principal limitación, la chispa que encendió la hoguera de la libertad, fue el inherente e interno fuego por proteger lo propio. Es más que un instinto que usted trabaje y quiera conservar su propiedad. Por ello es que cuando se le cobra a un pueblo para fines que los ciudadanos no comparten o bien, más allá de lo que están dispuestos a pagar voluntariamente por tener un Estado, surgen resistencias enormes.

En Guatemala, la limitante está contenida, por un lado en el principio de legalidad: corresponde con exclusividad al Congreso establecer los impuestos. Se completa con que dichos impuestos deben ser conforme a las necesidades del Estado, por lo que la obligación legal está subordinada a la obligación moral de los gobernantes de usar los tributos para los fines del Estado. Si no se utiliza en ello, la obligación legal se derrumba.

Dos (2) normas se suman a esta explicación:

>A) El ciudadano tiene la obligación de contribuir al gasto público.
>B) Existe el derecho constitucional de resistencia cuando el Estado exige y utiliza el poder público de mala manera.

El segundo punto es obvio cuando se pide matar a una raza entera con la fuerza pública, no así en el caso de impuestos, que depende de la primera y la correcta interpretación del principio de legalidad. Si lee de nuevo la obligación de contribuir, verá que es "al gasto público" y que los tributos deben ser decretados conforme a las necesidades del Estado. Si el dinero recaudado se usa, digamos, en fines individuales o partidistas, dígame usted ¿dónde está el gasto público o el fin del Estado? *¿Ve por qué la cultura tributaria no es de una sola vía?*

FUNCIÓN DEL DERECHO

En el sistema de protección de derechos humanos la Corte Interamericana de Derechos Humanos condena al Estado al pago de sumas de dinero para indemnizar a las víctimas.

He allí donde el problema principal se suscita. Los derechos humanos son obligaciones del aparato de gobierno frente a los ciudadanos, la población. Recibir una condena implica, por tanto, una declaración que dicho aparato de gobierno no hizo su trabajo frente a la población. Entendamos que "Estado" es una ficción. No existe como tal. Por ello es de ver, con el sistema local que tenemos, cómo luego de la condena el "Estado" lo paga.

Como acceder a este sistema y obtener la condena no es nada sencillo ni rápido, debemos considerar que el funcionario que había jurado cumplir con la constitución, incluidos los derechos humanos, probablemente ya dejó el cargo. Ahora está en el cargo alguien que mira la condena. Es un pago que debe enfrentar el Estado. ¿Cómo lo hará? Pues simplemente -léase con sarcasmo- acudirá al presupuesto del Estado. ¿Cómo se financia el presupuesto? Con el pago tributos de los ciudadanos o la contratación de deuda, que no es más que tributos diferidos. Allí entramos a la primera encrucijada. El fallo dice que el Estado les incumplió a los ciudadanos en materia de Derechos Humanos, su más fundamental función y deber. Ahora, el incumplidor recurre a la propia víctima, los ciudadanos, para enfrentar su condena.

El diseño interno es el que requiere de modificaciones. Veamos dos que parece que nadie considera.

1. La Constitución Política de la República tiene la regla de "solidaridad del Estado" por daños causados por el funcionario. Esta regla es la regla de irresponsabilidad. Se mejoraría muchísimo cambiando la regla a una regla de "subsidiariedad". Esto implicará que el funcionario que causó el daño -daños civiles, obviamente- deberá cubrir personalmente y con su patrimonio dichas condenas. Frente a la víctima, el Estado temporalmente la cubre en los montos que el funcionario no logró cubrir y se queda obteniendo el monto del funcionario en el tiempo. ¿Qué logramos con ello? Mayor cautela en la función pública. Responsabilidad directa de quien causó el daño por acción u omisión.

2. Luego tenemos el problema que la violación de los derechos humanos es consecuencia de un sistema normativo y procesal que originariamente causará la violación, por más que el funcionario quiera cumplir con su deber. Cuando hay violadores, secuestradores, asesinos, atracadores, etc., sin capturar, hay una violación de derechos humanos. La cosa es que creemos que la violencia y criminalidad son producto de

situaciones que muchas veces ni relación tienen. La causa más frecuente de violencia es un conflicto relativamente sencillo que no se pudo resolver, ya sea por falta de cultura o por mecanismos externos certeros y prontos.

Le doy un ejemplo: Va usted por la calle en su vehículo y un desconocido, por imprudencia de él, lo choca. Sus opciones son que el seguro de alguno de los dos pague, que sea persona decente y sin chistear acepte su culpa y se comprometa a pagar, que usted pague lo suyo, que si él se niega se den a las trompadas o balazos, pues probablemente demandarlo no lo llevará tan lejos. Es más, una vez interpuesta la demanda, sus opciones siguen siendo las mismas... ¿Qué sucederá así con cada pequeño conflicto? Escalará la temperatura social, hasta que cada cual resuelva los problemas por su cuenta. Violencia y criminalidad. ¿Sabía usted que aproximadamente el 70% de las víctimas de crímenes violentos son atacados por personas que conocen personalmente y tienen alguna relación? El proceso judicial es un problema que debe ser atendido. Este es el mismo proceso con el que un ciudadano buscará responsabilizar a un funcionario por sus actos.

Es así que el tema de fondo para los guatemaltecos es exigir las modificaciones para que las violaciones por las cuales pagamos todos, dejen de ocurrir en el futuro.

LA CAUSA EN LA OBLIGACIÓN TRIBUTARIA

La Constitución guatemalteca dice *"Corresponde con exclusividad al Congreso de la República establecer impuestos… arbitrios y contribuciones especiales, **conforme a las necesidades del Estado** y de acuerdo con la equidad y justicia…"* El tema a nivel mediático y de discusión en cada reforma es "nivel de carga" y el vago señalamiento que sin x% (*equis por ciento*) de carga del PIB, no llegamos nunca a cumplir los fines previstos…

La Constitución misma señala que las cargas deberán ser establecidas conforme a las necesidades del Estado. Es así que lo que justifica, la causa, la existencia de los tributos y legitima su cobro es precisamente que sean conforme a las necesidades del Estado.

Eso implica que:

1. Debemos conocer y aceptar cuáles son las necesidades previstas.

2. Si las cargas exceden las necesidades previstas, sucedería una especie de enriquecimiento ilícito del Estado.

3. Si los recursos se usan en otro destino, debe la población tener un recurso para revocar su consentimiento al cobro.

El tema se vuelve escabroso, pues las corrientes intelectuales "estatistas" y muchos, con dogma de fe, indican que **es un deber pagar**, no importa en qué se use. No obstante, es el uso, el destino de los recursos, lo que legitima, constitucionalmente, el tributo.

La principal discusión se ha dejado de lado. Se ha utilizado hasta la Biblia para justificar no entrar en esta discusión. Creo, sin embargo, que **es un deber ciudadano cuestionar el uso de los recursos y no permitir que se pretenda cobrar para fines que no se comparten, no son importantes o ni siquiera son fines del Estado.**

El plan de gasto de un gobierno central es lo que debe ser discutido y ampliamente comunicado a la población. Es así que **no resulta tan importante, en el mediano y largo plazo, cómo debo pagar, sino si estoy pagando por lo correcto.**

CRITERIOS INSTITUCIONALES SAT

El ser humano busca siempre poder predecir el futuro. La incertidumbre tiene un alto costo. La incertidumbre de las leyes tributarias ya está pasando la factura. Para eso es que los seres humanos creamos normas. Hay normas morales: "la palabra". Normas legales: privadas, los contratos; públicas, las leyes.

Por esta razón las leyes son el vehículo público para predecir el futuro, con el agregado que pueden ser obligados quienes las incumplen. Las leyes tributarias son aún más importantes, pues tienen dos efectos:

1. Promueven o impiden los negocios o transacciones;

2. Te sancionan si las incumples. Multas o prisión.

Ahora bien, el problema mayúsculo es que la norma sólo se cumple si en el tiempo se mantiene estable. En los sistemas de precedentes es muy sencillo, pues el Derecho es lo que los jueces ya han interpretado en precedentes. Es decir, sentencias anteriores y esas sentencias son obligatorias para todos abajo de ellos.

En un sistema "civil", como el nuestro, sin embargo, es más complicado. **Acá se supone que la estabilidad viene de la legislación misma.** Ahora, todos sabemos que no es cierto, pues tenemos leyes tributarias en Guatemala que disparan criterios de criterios. Eso es terrible.

Por ello, el Código Tributario contiene en el artículo 98 una norma que obliga a la administración tributaria a seguir, por economía procesal, los criterios jurisdiccionales, es decir, criterios de los tribunales.

No obstante, esta norma ha sido mal entendida y la administración tributaria emite criterios institucionales que no son afines a los criterios jurisdiccionales, aún contra la norma expresa. Obviamente, esto crea fricciones e incertidumbre, pues se realizan ajustes y sanciones en la administración tributaria que luego de años, son revocados por los tribunales.

Dicho, esto es claro que la función de los criterios institucionales de la Administración Tributaria es hacer predecible la conducta y deben, finalmente, adecuarse a los criterios que los tribunales han establecido.

La certidumbre viene, por tanto, de la aplicación. Ese esfuerzo debería hacerse en todo momento.

PAPEL DEL ASESOR FISCAL

DEFENSA TRIBUTARIA

La Superintendencia de Administración Tributaria – SAT- le ajusta. ¿Qué le ajusta?

El tema de los ajustes nunca es un tema contable. ¡Ese es un error garrafal que se hace en el medio! El tema es siempre **jurídico.** Lo que manda es la ley y dicha ley debe ser leída desde una perspectiva constitucional. El ajuste sucede dentro de un procedimiento legal. En resumen, todo es jurídico.

Los impuestos son independientes de lo que la técnica contable indique. Es decir, da lo mismo. Si su contabilidad tiene un error, según la técnica contable, pero su determinación de obligación tributaria es correcta, SAT no debería hacerle ajustes. Claro que a veces los hace, sin embargo, esos no prosperarán.

Cuando SAT ajusta, muchas veces usa criterios contables, pero eso no es sustentable. La técnica contable no puede sustentar un ajuste. Sólo el Derecho. Es por ello que para defensa tributaria es un error, la gran mayoría de las veces, buscar defenderse con criterios contables.

Los impuestos son leyes que se refieren a principios jurídicos, constitucionales, ordinarios, instituciones de Derecho y con aplicación de instituciones de derecho civil, mercantil, procesal y de otras ramas. Defender un ajuste desde una perspectiva de contabilidad es defender un error. ¿Sabía usted que al final su ajuste es resuelto por tribunales integrados por abogados? 3, 4 y luego 5, si llegara a la Corte de Constitucionalidad.

No busque ayuda en alguien que solo entienda contabilidad. Busque ayuda en alguien que entienda de Derecho... Tributario, mercantil, civil, constitucional y procesal administrativo y civil. Y claro, de contabilidad y estados financieros.

CINCO PUNTOS PARA ESCOGER TU DEFENSA FISCAL

La asesoría profesional es de lo más complicado de ubicar y decidir. ¿Cómo sé a quién contratar para defenderme en un caso tributario?

Bien, le daré algunos consejos, pues resulta que hay distorsiones en cuanto lo adecuado en una materia tan compleja. Uno de los grandes errores en la concepción de la defensa fiscal, es que se trata de asuntos "contables". He visto muchas "defensas" que pretenden "arreglar" la contabilidad que dio origen al problema inicial. Eso desencadena problemas futuros que eran fácilmente evitables, si se hubiera realizado un análisis integral en el principio. No le pregunte a su contador "cómo salir del problema". Pregúntele a quien en última instancia lo puede sacar del problema, qué hacer.

Dado que usualmente la defensa fiscal se considera "contable", nos encontramos que se cometen los usuales errores al momento de escoger la asesoría para la defensa.

SEPARE.

No lo puede defender el mismo que le opera la contabilidad, ni el que lo audita. Ellos serán soporte para entender las operaciones contables, recopilar la información, dar una visión de lo que se encuentra en los archivos de contabilidad. No son los adecuados para defenderlo. Ya en algunas ocasiones, se pretende que el defensor acople lo que ellos quieren presentar como defensa, pero lo único que están haciendo es repetir el criterio del momento en el que hicieron la operación. No crea que se lo digo porque dude de la calidad de los profesionales que hacen para usted ese trabajo, sino que no es lo mismo ver el problema desde una perspectiva más amplia, que cuando uno está "dentro del embrollo". Naturaleza humana. Estarán prejuzgados a que lo que le recomendaron en el inicio, se defiende por las mismas razones por las cuales se hizo o dejó de hacer.

Un maestro con el que estudié comunicación dijo que "No puede verse la etiqueta de la botella si uno está dentro", Roy H. Williams (www.elmagodelapublicidad.com) Él, obviamente, es consultor de negocios muy reconocido.

NO ES TRÁMITE, ES DEFENSA.

La defensa fiscal es un proceso artístico en cuanto a que se requiere plantear posibilidades. Un proceso intelectual de transmitir un argumento con la capacidad de derrumbar las preconcepciones que los Magistrados tienen por casos previos. Requiere una habilidad particular: capacidad de persuasión en la redacción.

Un ilustre jurista guatemalteco -el Doctor René Villegas Lara- cuando me impartió cursos en un programa doctoral, contaba que uno de sus más recordados maestros en la escuela de derecho le decía en materia del Derecho, no bastaba tener la razón, sino demostrarla y que se la otorgaran.

Esto es conocer el Derecho, conocer y probar los hechos y convencer al juez. El manejo de la prueba es vital. No utilice profesionales de otras áreas para defender un caso de Derecho Tributario. Use abogados tributaristas. La prueba en los procesos tributarios no es igual que en los procesos civiles, penales o laborales. No es una prueba para auditar estados financieros. Es una prueba jurídica extraída de hechos contables, mercantiles o profesionales.

Un abogado de divorcios lo divorciará, pero no es el adecuado para determinar el hecho generador del impuesto sobre la renta. Tampoco un abogado tributarista podrá ayudarle en un caso de tránsito. Si tiene un accidente de tránsito, no me llame; llame a su seguro o un abogado de tránsito, ya que de eso sí no sé.

CONOZCA A QUIENES LE DARÁN LA RAZÓN.

Si va a hablar con médicos, utilice de intérprete un médico de su confianza. Si necesita hacer una película, para contratar a los actores, pida a un director de casting que los entreviste. Si va a defenderse en última instancia en un caso judicial, busque un profesional que utilice el mismo lenguaje que los jueces.

Un abogado usualmente tiene un mundo ideal en su cabeza. Poseemos, casi por definición, un temperamento competitivo: solo él tiene la razón. Los abogados estamos para "defender la justicia". Nuestra justicia. Busque en Google qué quiere decir "Temperamento NT según el test Myers Briggs" y verá lo que digo.

Ese perfil es el que se repite en los magistrados que resolverán su caso. ¿Sabe su asesor como hablarle a dichos temperamentos?

NO ES LO MISMO... "ASIENTO" PARA EL LEGO QUE PARA EL ABOGADO.

El "asiento" es una palabra que le podrá causar risa, repulsión o curiosidad, si no es abogado. Para un abogado, asiento se refiere al ingreso de algún dato en un acta o documento oficial: Asiento Registral.

Es así que zapatero a tu zapato. Si va a defenderse de un ajuste fiscal, considere que es un juicio. Todos y cada uno de los juicios es distinto a los demás, aunque el tema sea similar, parecido, análogo y conocido. Debe llevarse por completo el diseño de la defensa. Como la palabra "asiento" tiene un significado particular en la jerga de los abogados, también existen reglas particulares para interpretar normas. Recuerde usted que es un sistema cerrado, hermético, en el que no hay nada sin regular, aunque no haya norma expresa.

Esa labor de conectar los puntos, determinar cuál norma es superior, particular, general, especial y posterior; qué parte de la ciencia está incluida en el término y hasta dónde llegan esos términos en un particular caso, implica el conocimiento de dicho sistema jurídico.

Le he de contar que un caso reciente que llegó a mi despacho, la defensa era tan focalizada que dejó de lado, en buena fe, las consecuencias penales de lo que estaba diciendo. Logramos enmendar el procedimiento y el Directorio de SAT cambió argumentos. Eso nos abrió una segunda posibilidad de defensa, eliminando el riesgo penal que la primera estrategia había empezado a provocar. Desde un inicio SAT no tenía razón, pero al defenderse, viendo la etiqueta desde adentro, se respondieron preguntas que nadie estaba haciendo, abriendo la posibilidad para un proceso penal.

PRIMERO, LO PRIMERO.

El Derecho Tributario no es regulación para emitir sus facturas. Es derecho constitucional desarrollado en la ley. ¿Qué quiere decir? Usualmente hay argumentos de principios involucrados. Precedentes constitucionales, libros, autores importantes que son respetados en Guatemala, técnicas de interpretación constitucional que difieren de lo que se maneja a nivel "operativo" en el pago de impuestos. Toda argumentación debe empezar y concluir en la Constitución.

NO TODOS LOS ABOGADOS SABEN IGUAL

Hay cosas que simplemente no son lo mismo. Debemos distinguir y no andar sacando conclusiones con "suposiciones".

He andado sorprendido de la falta de profundidad de muchos profesionales cuando emiten su criterio. Realmente es molesto discutir con ladrillos que portan las orejas de asno. Sin embargo, en materias tan sencillas como Asambleas, se oye cada tontería, que mejor aclaramos para que no se los "baboseen".

Nuestra legislación mercantil establece dos tipos de Asambleas por razón de su contenido:

    1. Ordinarias,

    2. Extraordinarias.

Las primeras tratan de temas "ordinarios", comunes, de la administración que corresponden, por virtud de ley o de la escritura social, al máximo órgano de administración: la Asamblea General de Accionistas (si es sociedad de personas se llama Junta General).

Las extraordinarias, pues claro está, son las que tienen temas "extraordinarios", no usuales y de índole "eventual". Acá la ley ordena que se eleve el quórum y el porcentaje para tomar decisiones. Se tratan temas como la *disolución de la sociedad, modificaciones al pacto social (escritura) y otros*.

La ley también califica las asambleas, por razón de su forma de convocatoria o reunión, en "convocadas" o "totalitarias". La ley no le pone nombre a las asambleas convocadas, pues es la forma normal de llevar a cabo una asamblea. Así que se hacen las publicaciones, avisos por escrito, etcétera. Las totalitarias, por su parte, son las asambleas que se realizan cuando se encuentran presentes el 100% de las acciones con derecho a voto necesarias para tomar la decisión. Acá, cualquiera de estas dos formas puede desembocar en una asamblea general ordinaria o totalitaria.

Adicionalmente, nuestro código permite la celebración de asambleas especiales. Es decir, las que no son Generales. Las Generales son las que reúnen a todos los accionistas y son el órgano supremo de la sociedad. Las especiales son las que reúnen a un grupo, serie o clase de acciones, cuando se trata de asuntos propios o que le afecten directamente a ese grupo, clase o serie.

Vemos así que hay distintos nombres y clasificaciones, según a lo que se refieran cada una de las asambleas.

Esta distinción conceptual es importante, ya que se obliga o no al registro de las decisiones de la asamblea en el Registro Mercantil según el contenido de la misma. Así las ordinarias no se registran -sean convocadas o totalitarias- mientras que todos los temas de extraordinaria sí deben ser registrados.

Espero haber colaborado a romper la ignorancia crasa que existe en el medio respecto al tipo de asambleas

GASTOS DEDUCIBLES EN LAS REFORMAS FISCALES 4-2012 Y 10-2012

Una de las más recientes modificaciones a la actual Ley del Impuesto Sobre la Renta ha sido la referente a los gastos deducibles que se aprobó por medio del decreto 4-2012 del Congreso. A ello se le agrega que a partir del 1 de enero de 2013 nos regirá una nueva ley del Impuesto Sobre la Renta. Esa ley tiene nuevas reglas referentes a la deducibilidad de los gastos.

El 4-2012, si bien no es aplicable para contribuyentes que ya estaban operando antes de la entrada en vigencia el 25 de febrero de 2012, será, seguramente, la razón de ajustes en el período 2012.

Cambios en los gastos no deducibles - Reforma del 4-2012

El nuevo artículo 39 de la ley del Impuesto Sobre la Renta contiene los **costos y gastos no deducibles**. De la A a la S. Antes llegábamos sólo a la j). Imagine, pues, que ahora puede deducir menos cosas.

Veamos los más relevantes, en lila mis comentarios:

a) Los que no hayan tenido su origen en el negocio, actividad u operación que genera renta gravada y deben registrarse los gastos de rentas exentas y no afectas.

La primera parte ha dado ya lugar a muchos ajustes. Sugerimos documentar detalladamente el uso de dichos gastos. Por ejemplo, si el gasto es para alguna promoción o marketing en el que monta un evento y regala juguetes, tome fotos de la entrega. Mejor si en las fotos un personero de la entidad sostiene un diario del día o hace que aparezca el evento en el diario.

b) Los que el titular de la deducción no haya cumplido con la obligación de retener y pagar el Impuesto Sobre la Renta, cuando corresponda. Serán deducibles una vez se haya enterado la retención.

Adicionalmente a que el gasto no es deducible, una retención tardía le hará ganarse una multa de Q1,000 por factura. La retención se debe hacer a los contribuyentes que están en el régimen del 5% y a los pequeños contribuyentes, para el caso de retenciones del ISR y si es agente de retención del IVA, siempre.

c) Los no respaldados por la documentación legal correspondiente.

Si bien existen criterios judiciales ya en sentencias de casación sobre cómo entender "documentación legal", se modificó a modo que ahora, en la Ley del ISR se define "documentación legal" como **la exigida por la Ley del Impuesto al Valor Agregado, la Ley del Impuesto de Timbres Fiscales y Papel Sellado Especial para Protocolos y otras disposiciones legales tributarias y aduaneras**, para efectos de comprobar los actos y contratos afectos a dichos impuestos, **salvo cuando por disposición legal la deducción pueda acreditarse por medio de partida contable**, que será el caso de las depreciaciones y la integración del costo de venta por inventarios, por ejemplo.

d) Los que no correspondan al período anual de imposición que se liquida.

e) Los sueldos, salarios y prestaciones laborales, que no sean acreditados con la copia de la planilla del IGSS, cuando proceda.

La clave es "**cuando proceda**" y por ello es importante el criterio y reglamentos del IGSS, pues evidentemente la aplicación que SAT haga será de la información que IGSS le traslade.

f) Los respaldados con factura emitida en el exterior en la importación de bienes, que no sean soportados con declaraciones aduaneras de importación y su recibo autorizado de pago; a excepción de los servicios que deberán sustentarse con el comprobante de pago al exterior.

En el pago de servicios al exterior, no necesariamente hay retención, pues no necesariamente dichos servicios son de fuente guatemalteca, así que vale la pena el análisis caso a caso.

g) Los consistentes en bonificaciones con base en las utilidades.

h) Los de erogaciones que representen una retribución del capital social o patrimonio aportado.

i) Los de intereses pagados que excedan al valor de multiplicar la tasa de interés por un monto de tres veces el activo neto total promedio que resulte de la información presentada por el contribuyente en sus declaraciones juradas anuales. Para efectos de la presente literal se entiende como activo neto total promedio, la suma del activo neto total del cierre del año anterior con la del activo neto total del cierre del año actual, ambos valores presentados en la declaración jurada anual del Impuesto Sobre la Renta y anexos de cada período de liquidación definitiva, divididos entre dos. El activo neto total corresponde al valor en libros de todos los bienes que sean efectivamente de la propiedad del contribuyente. La limitación prevista en este inciso no será de aplicación a entidades bancarias y sociedades financieras sujetas a la vigilancia e inspección de la Superintendencia de Bancos.

Si lo entiende, me avisa y me lo explica, porque no he logrado poner la fórmula en papel. Lo que sí es definitivo es que esta fórmula hace que únicamente las entidades que ya cuentan con activos o capital sean sujetos de crédito y por tanto, evita el crecimiento de negocios de servicios.

j) Las sumas retiradas en efectivo y el valor de los bienes utilizados o consumidos por cualquier concepto por el propietario, sus familiares, socios y administradores, así como los créditos que abonen en cuenta o remesen a las casas matrices, sus sucursales, agencias o subsidiarias.

Son autoconsumos que no implican un gasto necesario para generación de rentas. Serán gasto los autoconsumos necesarios para generar rentas.

k) Los provenientes de cuentas incobrables, cuando se trate de contribuyentes que operen sus registros bajo el método contable de lo percibido.

l) Los de mantenimiento en inversiones de carácter de recreo personal. Cuando estas inversiones estén incluidas en el activo, junto con el de otras actividades que generen rentas gravadas, se llevarán cuentas separadas para los fines de determinar los resultados de una y otra clase de inversiones.

m) Los de mejoras permanentes realizadas a los bienes del activo fijo, y en general, todas aquellas erogaciones por mejoras capitalizables que prolonguen la vida útil de dichos bienes o incrementen su capacidad de producción.

Deberá tener presente que no podrá destruir los documentos que acreditan las inversiones en mejoras permanentes de activos mientras tenga que depreciarlos, así que el plazo es mayor a los 4 años.

n) Las pérdidas cambiarias originadas en la adquisición de moneda extranjera para operaciones con el exterior, efectuadas por las sucursales, subsidiarias o agencias con su casa matriz o viceversa.

o) Las primas por seguro dotal o por cualquier otro tipo de seguro que genere reintegro, rescate o reembolso de cualquier naturaleza al beneficiario o a quien contrate el seguro.

p) Los incurridos y las depreciaciones de bienes utilizados indistintamente en el ejercicio de la profesión y en el uso particular, sólo podrá deducirse la proporción que corresponda a la obtención de rentas gravadas. Cuando no se pueda comprobar la proporción de tal deducción, sólo se considerará deducible, salvo prueba en contrario, el cincuenta por ciento (50%) del total de dichos gastos y depreciaciones.

q) El monto de las depreciaciones en bienes inmuebles, cuyo valor base exceda del que conste en la Matrícula Fiscal o en Catastro Municipal. Esta restricción no será aplicable a los contribuyentes que realicen mejoras permanentes o edificaciones a bienes inmuebles que no son de su propiedad, ni a los propietarios de bienes inmuebles que realicen mejoras que no constituyan edificaciones, siempre que dichas mejoras no requieran, conforme a las regulaciones vigentes, de licencia municipal de construcción. En el caso de las depreciaciones que se han venido aplicando antes de la vigencia de esta Ley, y que exceden el valor base, el contribuyente podrá continuar con la depreciación de los mismos como gasto deducible, únicamente si demuestra la inversión efectivamente realizada en los inmuebles.

El detalle es tener a la mano dichas inversiones, que pudieron haber sido casi 20 años atrás.

r) El monto de las donaciones realizadas a organizaciones no gubernamentales, asociaciones y fundaciones no lucrativas, de asistencia, servicio social, iglesias y entidades de carácter religioso, que no cuenten con la solvencia fiscal del período al que corresponde el gasto, emitida por la Administración Tributaria.

La **solvencia fiscal** la deben tramitar estas entidades en junio de cada año, por lo que, considero, si el período fiscal es de enero a diciembre, la solvencia obtenida en junio de un año, abarca el segundo semestre del año calendario en curso y el primer semestre del siguiente año. Si la donación ocurre en agosto, por tanto, la solvencia fiscal debe ser de junio. Ahora bien, SAT ha emitido dichas solvencias fiscales con validez de 30 días y podría pretender que dicha solvencia haya estado vigente en el momento de hacer la donación, aunque no es lo que el Código Tributario establece.

s) El monto de costos y gastos del período de liquidación que exceda al noventa y siete por ciento (97%) del total de la renta bruta. Este monto excedente podrá ser trasladado exclusivamente al período fiscal siguiente, para efectos de su deducción.

La disposición del primer párrafo de esta literal, no es aplicable a los contribuyentes que tuvieren pérdidas fiscales durante dos (2) períodos de liquidación definitiva anual consecutivos o que tengan un margen bruto inferior al cuatro por ciento (4%) del total de sus ingresos gravados. Para el efecto, los contribuyentes deberán presentar informe, previo a que venza la presentación de la declaración jurada anual y los anexos a que hace referencia el artículo 54 de la presente Ley, por medio de declaración jurada prestada ante notario, acompañando los estados financieros auditados y medios de prueba documental que acrediten tales extremos.

Modificación ridícula a la ley, pues una pérdida fiscal por 2 años consecutivos es imposible de tener, ya que aplico la regla del 97%. Antes de la reforma, dicha norma (39 j) decía "pérdidas", con lo que claramente se refería a pérdidas financieras.

En el 10-2012

En el Decreto 10-2012, libro I, que contiene la nueva ley del Impuesto Sobre la Renta, vigente a partir del 1 de enero de 2013, la cosa es muy similar. Tenemos, no obstante, 3 artículos que regulan la "no deducibilidad" de los gastos.

Requisitos para la deducibilidad

El artículo 22 contiene los requisitos que se deben cumplir para que los gastos y costos sean deducibles.

1. Que sean útiles, necesarios, pertinentes o indispensables para producir o generar la renta gravada o para conservar su fuente productora y para aquellos obligados a llevar contabilidad completa, deben estar debidamente contabilizados.

Debidamente contabilizados es entrar en honduras, pues no sabemos qué normativa aplica. Hay varias posturas. ¿Principios Generalmente Aceptados, NIC, NIF?

Luego, ya no dicen "que sean necesarios", sino que hay 4 calificativos para que el gasto sea deducible: "útil", "necesario", "pertinente" o "indispensable".

2. Que se haya retenido y pagado el ISR, cuando corresponda.

La retención del ISR en esta nueva ley debe hacerse en los 5 días hábiles siguientes a la fecha de la factura. Ojo con esto o se ganará una multa de Q1,000 por factura.

3. En el caso de los sueldos y salarios, las planillas de las contribuciones a la seguridad social presentada al Instituto Guatemalteco de Seguridad Social, cuando proceda.

Misma consideración anterior.

4. Tener los documentos y medios de respaldo, entendiéndose por tales:

a. Facturas, facturas de pequeño contribuyente y facturas especiales autorizadas por la Administración Tributarias.

c. Facturas o documentos, emitidos en el exterior.

d. **Testimonio de escrituras públicas autorizadas por Notario, o el contrato privado protocolizado.**

e. Recibos de caja o notas de débito, en el caso de los gastos que cobran las entidades vigiladas e inspeccionadas por la Superintendencia de Bancos.

f. Planillas presentadas al Instituto Guatemalteco de Seguridad Social y los recibos que éste extienda, libros de salarios, planillas, en los casos de sueldos, salarios o prestaciones laborales, según corresponda.

g. Declaraciones aduaneras de importación con la constancia autorizada de pago, en el caso de importaciones.

h. Facturas especiales autorizadas por la Administración Tributaria.

    1. Otros que haya autorizado la Administración Tributaria.

Vea que se limita el tipo de documentos y ya no se aceptan los documentos del régimen del Impuesto de Timbres Fiscales. Mucho ojo.

Costos y Gastos No Deducibles

Luego, además, tenemos los "costos y gastos no deducibles" en el artículo 23,

a) Los que no hayan tenido su origen en el negocio, actividad u operación que genera renta gravada.

Los contribuyentes están obligados a registrar los costos y gastos de las rentas afectas y de las rentas exentas en cuentas separadas, a fin de deducir únicamente los que se refieren a operaciones gravadas. Si no se lleva registro, SAT hará la distribución directamente proporcional al total de gastos directos entre el total de rentas gravadas, exentas y no afectas.

b) Los gastos financieros incurridos en inversiones financieras para actividades de fomento de vivienda, mediante cédulas hipotecarias o bonos del tesoro de la República de Guatemala u otros títulos valores o de crédito emitidos por el Estado, toda vez los intereses que generen dichos títulos de crédito estén exentos de impuestos por mandato legal.

c) Cuando no se haya cumplido con la obligación de efectuar la retención y pagar el Impuesto Sobre la Renta, cuando corresponda. Serán deducibles una vez se haya enterado la retención.

d) Los no respaldados por documentación legal exigida por esta Ley y otras disposiciones legales tributarias y aduaneras. Lo anterior, salvo cuando por disposición legal la deducción pueda acreditarse por medio de partida contable.

Si bien es igual al punto 4 del artículo 22, hay que comprender alcances importantes. En el caso de servicios que se prestan en locales arrendados, las facturas no están, muchas veces, a nombre del inquilino, por lo que el gasto sería "no deducible".

e) Los que no correspondan al período anual de imposición que se liquida, salvo los regímenes especiales que permite la ley.

f) Los sueldos, salarios y prestaciones laborales, que no sean acreditados con la copia de la planilla de las contribuciones a la seguridad social presentada al Instituto Guatemalteco de Seguridad Social, cuando proceda.

g) Los respaldados con factura emitida en el exterior en la importación de bienes, que no sean soportados con declaraciones aduaneras de importación debidamente liquidadas con la constancia autorizada de pago; a excepción de los servicios que deberán sustentarse con el comprobante de pago al exterior.

Acá lo importantes es conservar el comprobante de pago al exterior. También se deberá tener presente que en el pago de servicios al exterior, no necesariamente hay retención, pues no necesariamente dichos servicios son de fuente guatemalteca, así que vale la pena el análisis caso a caso.

h) Los consistentes en bonificaciones con base en las utilidades o las participaciones de utilidades.

i) Las erogaciones que representen una retribución del capital social o patrimonio aportado.

j) De nuevo, los autoconsumos que no implican un gasto necesario para generación de rentas. Entiendo que los que sí son necesarios, sí son gasto o costo deducible. Existe ya una sentencia de casación al respecto.

k) Los intereses y otros gastos financieros acumulados e incluidos en las cuentas incobrables, cuando se trate de contribuyentes que operen sus registros bajo el método contable de lo percibido.

l) Los derivados de adquisición o de mantenimiento en inversiones de carácter de recreo personal. Cuando estas inversiones estén incluidas en el activo, junto con el de otras actividades que generen rentas gravadas, se llevarán cuentas separadas para los fines de determinar los resultados de una y otra clase de inversiones.

Recuerde hacer la separación y conservar la documentación mientras esté depreciando.

m) El valor de las mejoras permanentes realizadas a los bienes del activo fijo, y, en general, todas aquellas erogaciones por mejoras capitalizables que prolonguen la vida útil de dichos bienes o incrementen su capacidad de producción.

Deberá tener presente que no podrá destruir los documentos que acreditan las inversiones en mejoras permanentes de activos mientras tenga que depreciarlos, así que el plazo es mayor a los 4 años.

n) Las pérdidas cambiarias originadas en la adquisición de moneda extranjera para operaciones con el exterior, efectuadas por las sucursales, subsidiarias o agencias con su casa matriz o viceversa.

o) Las pérdidas cambiarias originadas de revaluaciones, reexpresiones o remediciones en moneda extranjera, que se registren por simples partidas de contabilidad.

Esto se incluye acá porque existen más de 5 sentencias de casación firmes que permitían que se dedujeran dichas pérdidas cambiarias.

p) Las primas por seguro dotal o seguro que genere reintegro, rescate o reembolso de cualquier naturaleza al beneficiario o a quien contrate el seguro.

q) Los gastos incurridos y las depreciaciones de bienes utilizados indistintamente en el ejercicio de la profesión y en el uso particular, en la proporción que no corresponda a la obtención de rentas gravadas y se presume, salvo prueba en contrario, el cincuenta por ciento (50%) del total de dichos gastos y depreciaciones.

Imagínese así que tendrá que llevar una bitácora de los kilómetros que recorre con la familia y los de trabajo.

r) El monto de las depreciaciones en bienes inmuebles, cuyo valor base exceda del que conste en la matrícula fiscal o en catastro municipal. Esta restricción no será aplicable a los propietarios de bienes inmuebles que realicen mejoras permanentes que no constituyan edificaciones, siempre que dichas mejoras no requieran, conforme a las regulaciones vigentes, de licencia municipal de construcción.

s) El monto de las donaciones realizadas a entidades sociales, políticas o religiosas que no estén legalmente constituidas, autorizadas e inscritas conforme a la ley o que no cuenten con la solvencia fiscal del período al que corresponde el gasto, emitida por la Administración Tributaria.

Vea la consideración que hice sobre la solvencia al comentar el 4-2012.

Deducibilidad de intereses

La última limitación expresa es a la deducibilidad de los intereses, en el artículo 24. Se divide así:

1. Un techo al monto de intereses pagados al valor de multiplicar la tasa simple máxima anual que determine la Junta Monetaria por tres veces el monto del activo neto total promedio presentado por el contribuyente en su declaración jurada anual.

2. La tasa de interés no puede exceder de la tasa simple máxima anual que determine la Junta Monetaria en los primeros quince (15) días de los meses de enero y julio de cada año para el respectivo semestre, tomando como base la tasa ponderada

bancaria para operaciones activas del semestre anterior.

1. Para préstamos en el exterior, los contratos deberán ser con entidades bancarias o financieras, registradas y vigiladas por el órgano estatal de vigilancia e inspección bancaria, y autorizadas para la actividad de intermediación en el país de otorgamiento.

    1. En este caso, la tasa de interés no podrá exceder a la tasa simple máxima anual que determine la Junta Monetaria menos el valor de la variación interanual del tipo de cambio del Quetzal respecto de la moneda en que esté expresado el contrato de préstamo, durante el período al que corresponde la declaración jurada anual del Impuesto Sobre la Renta.

Lo único bueno que encontramos es que ya no hay una absurda limitación porcentual a los gastos (regla del 97%), pero probablemente con tanto requisito, la "utilidad fiscal" será mucho más alta ahora que antes y con ello, a pesar de haberse bajado la tarifa (bueno, a partir del 2014), el monto de impuesto final a pagar será mayor.

Como ve, no es tan cierto que hay baja de impuestos, ya que mientras más se limiten los gastos y costos, más utilidad -artificialmente logrado- habrá y por tanto, mayor impuesto pagará.

LA VISIÓN DE LOS IMPUESTOS

Me he topado, por azares del destino, con personas que tienen distintas imágenes y opiniones sobre los tributos. Claro que hay quienes están a favor y quienes están en contra.

Motiva estas líneas el punto trascendental respecto a los tributos en general, que se pasa por alto y nos mete en grandes líos.

Los tributos son siempre y al final **un tema jurídico**. No es un tema económico ni un tema contable. Es un tema jurídico.

De tal manera que debe comprenderse que la economía y la economía política son para "diseño de la política económica de un país", entre ello, el establecimiento de las metas de recaudación. En la parte contable, la contabilidad es un auxiliar para la administración empresarial y es la base para la determinación de muchos hechos generadores y de muchos aspectos tributarios.

Ninguna de esas ciencias es relevante para las relaciones jurídicas que surgen de las leyes tributarias. Por esta razón la meta de recaudación no puede ser superior a los límites jurídicos impuestos al poder tributario. La contabilidad tampoco puede servir de base para aplicación de leyes tributarias y menos para su interpretación.

Es por ello que termina siendo un asunto jurídico. Existe toda una ciencia detrás de la interpretación de las normas jurídicas y no digamos de las normas tributarias. El derecho tributario es de origen constitucional. Tanto que las revoluciones que originaron constituciones, nacen por el cobro abusivo de tributos[10].

La interpretación jurídica podrá ser contraria a la interpretación contable y a los intereses recaudatorios que se presentaron en los análisis económicos que justifican las metas de recaudación. Pero la interpretación jurídica es el límite natural de la aplicación de cualquier ley, principalmente cuando se trata de una relación personal entre contribuyente y estado.

Hoy oí de algún alto funcionario de SAT que los jueces "tuercen" la ley. No puede negarse que los jueces (magistrados en este caso) pueden cometer errores judiciales y para eso existen los recursos legales correspondientes, pero debe ser siempre matizado el comentario, ya que siempre debe prevalecer el criterio legal. La interpretación constitucional y de normas que desde el Código de Hammurabi han debido ser interpretadas y con lo que, hoy día, contamos ya con más de 5000 años de formación de la ciencia jurídica, que no es más que la interpretación de la normativa.

---

[10] Puede leer de esos orígenes acá mismo: http://impuestosychocolate.com/2009/10/20/de-chocolates-e-impuestos/

El derecho tributario, por tanto, es un tema primordialmente de derecho. De instituciones jurídicas como hecho generador, sujeto pasivo, exenciones, sanciones, límites constitucionales, principios que lo ilustran. Hay toda una doctrina de la prueba a la que se sujeta la propia contabilidad y una forma correcta de resolver los conflictos normativos y jerárquicos.

Me da mucha pena que personas ajenas al mundo del derecho descalifiquen tan rápidamente el trabajo de los magistrados, pues un juez puede equivocarse, pero en un proceso tributario son por lo menos 7 magistrados, quienes tienen a su cargo resolver los casos.

¿Hay errores? Sin duda. Pero la mayoría de los casos que he leído y he defendido, han sido resueltos conforme a Derecho.

Es así que con un problema tributario frente a nosotros, la herramienta principal es el Derecho, no la economía ni la contabilidad.

RECURSOS EXTRAORDINARIOS

Todo pinta a que hay más expertos en derecho en Guatemala que abogados. Lo bueno es que la discusión pública sobre un proceso ha despertado el tema del "debido proceso" y nuestra estructura de tribunales.

Tristemente vivimos en un sistema judicial en el que reina la mediocridad. Hay excelentes profesionales en los órganos jurisdiccionales, seguro que sí, pero no son la regla.

Los primeros responsables: centros universitarios. Se enseña sin fundamento sólido. No hay principios, filosofía, doctrina ni jurisprudencia como ejes de las cátedras. Usualmente se leen los códigos y leyes y se discute sobre su "sentido" e "interpretación", cuando debe comprenderse que el sistema jurídico, tal como se define un sistema lógico, es cerrado, interrelacionado y armónico.

> Es *cerrado*, pues regula toda la realidad desde dentro.

> Es *interrelacionado*, ya que una norma debe interactuar con otra para lograrse llegar a conclusiones, mientras es jerárquico.

> Es *armónico*, ya que debe encontrarse una solución con las normas dadas, a modo de procurar la interpretación que permita a todas

vivir dentro del sistema. No se admiten contradicciones en normas de misma jerarquía, por ejemplo, sino que debe encontrarse con apoyo a ciertos principios, la salida que permita su aplicación o bien expulsar la que causa el problema.

En ese orden, hay mecanismos, procesos, para lograr dichas conclusiones. Primero el proceso intelectual de encontrar las normas aplicables a cada caso. Es acá el momento que distingue a un abogado de otro.

Luego de ese proceso intelectual tendremos el proceso legal como tal. Ya sea la formulación de un contrato o el proceso litigioso, según sea el caso. Dicho proceso tiene, cada uno, sus pasos y reglas para lograr el fin para el que ha sido creado.

En los procesos litigiosos, juicios, tenemos 2 planos de normas. Las normas procesales que en blanco y negro constan en las leyes procesales y las normas "inspiradoras" o los principios, que dan el fundamento para esas leyes procesales. Estos principios son usualmente normas constitucionales, pero otras muchas veces son normas contenidas en las partes generales de los mismos códigos procesales o bien en la legislación sustantiva.

Es por ello que tenemos 2 tipos de "recursos" (no uso el término recurso en su acepción técnico-jurídica exacta) para resolver "errores" de los tribunales - los que afectan la normativa procesal o las conclusiones dentro del proceso [*llamados*] recursos ordinarios como la apelación o bien, los que afectan la normativa "inspiradora" o principios. Es así que los primeros son usualmente "ordinarios" y los segundos, extraordinarios.

Dentro del grupo de extraordinarios, tenemos, en Guatemala, **el amparo y la casación.**

El **amparo** es constitucional y se activa cuando se violan principios constitucionales, tales como presunción de inocencia, debido proceso, etc. La **casación** es un recurso extraordinario, técnico-jurídico, que examina errores judiciales de sentencias. Estos errores son por interpretación de hechos (prueba), aplicación de leyes (error en derecho) o violación procesal.

Estos recursos extraordinarios, sin embargo, deben ser, como su término lo dice, extraordinarios. No obstante, por vicios en la comprensión de ciertos principios y por la existencia de deficiente formación profesional de todos los actores -jueces, abogados, fiscales- termina siendo que los más altos tribunales juzgan "de ordinario" casi todos los casos en Guatemala.

Es así como el primer vicio acá relatado se topa con el segundo gran vicio: un sistema mal diseñado de normativas procesales y recursos.

Menudo reto frente a nosotros. Resolver el embrollo

SOLVENCIA FISCAL

En los libros de texto se le conoce como *"certificados de buena conducta tributaria"*. Ahora es la novedad. Se definió como *"... el documento por medio del cual la Administración Tributaria hace constar que a la fecha de su expedición, un contribuyente se encuentra al día en el cumplimiento de sus deberes tributarios formales y ha pagado los adeudos tributarios líquidos y exigibles"*. Este documento no prejuzga que el contribuyente hubiere determinado su obligación tributaria en forma correcta ni limita que la Administración Tributaria pueda fiscalizar dichos períodos" y será SAT quien determine los requisitos para obtenerla.

Una vez solicitada se deberá emitir en 8 días hábiles. Le veo "mano de mono"[11] a la incorporación de la solvencia fiscal como requisito para gozar de muchos derechos que se tienen.

Es ahora un requisito para ejercer funciones, para deducir ciertos gastos (donaciones a personas que deben contar con ello) y para mantener el status de "exento" ("La persona individual o jurídica que se encuentre registrada en la Administración Tributaria como persona exenta de algún impuesto, deberá obtener la solvencia fiscal cada año, para poder

---

[11] Expresión guatemalteca que significa: "me deja sospechas", "hay algo Escondido", "tiene que haber una trampa detrás".

mantener actualizado su registro como persona exenta") de impuestos. Valga mencionar que la exención la otorga la ley y dicha solvencia puede ser negada por un error en el sistema de SAT, por un vehículo viejo que se vendió y no el "dueño" no hizo el traspaso, etcétera.

El tratadista Rodolfo Spisso, al tratar este tipo de "certificados" en su obra Derecho Constitucional Tributario, explica que la exigencia de contar con certificados de buena conducta fiscal para el ejercicio de derechos constitucionales, impuesta con el propósito de asegurar la percepción de la renta pública, deviene irrazonable y, por ende, inconstitucional (art. 28, CN), pues resulta irracional que para la consecución de dicho objetivo fiscal se obstaculice ilegítimamente el ejercicio de aquéllos, como lo podría ser que al efectuar una donación me exijan el certificado de quien recibe la donación o bien que me lo exijan para inscribir en el Registro de la Propiedad un bien inmueble que compré o bien, gozar de una exención que por ley me corresponde.

En palabras del propio Rodolfo Spisso: "Ir más allá es arbitrario, puesto que condicionar el ejercicio de actividades económicas a las obtención de un certificado de buena conducta fiscal pone a merced del funcionario de turno la fortuna de los contribuyentes, pues, no se trata, ciertamente, del cumplimiento de las obligaciones fiscales, sino de lo que los funcionarios de los organismos fiscales, sin posibilidad de control por el Poder Judicial, interpretan que surge de la ley fiscal o, en la mayoría de los casos, de las resoluciones generales de sustancia legislativa dictadas por el propio organismo encargado de la aplicación de las disposiciones tributarias" y agrega luego que "… se agrega como condición para el ejercicio de una actividad económica la exigencia de contar con un certificado de buena conducta fiscal, que torna inoperante el ejercicio de derechos a la tutela judicial efectiva, tenemos sentadas las bases de un Estado totalitario en pugna con los principios de la Constitución nacional."

Esta posición es totalmente aplicable a Guatemala y tenemos frente a nosotros un instrumento de control fiscal que va más allá de un estado de Derecho para convertirse en un evidente medio de extorsión "legalizado".

SISTEMAS CONTABLES Y EL ISR

Un tema que siempre toca el Lic. Tuncho Granados[12] en clases que imparte sobre impuestos es el problema del sistema de lo devengado.

En Guatemala tenemos un problema por las leyes impositivas derivado que tanto asesores como administración tributaria combinan los regímenes de impuestos. Es un error.

Por ello, para los ingresos y gastos, en el impuesto sobre la renta, es bajo el sistema contable de lo devengado. Así es como registro los ingresos cuando los devengo, pero no necesariamente cuando recibo el dinero, pues debo acatar el sistema de lo devengado. Estás disposiciones, por tanto, no "pegan" con las reglas del IVA. En el IVA, por ejemplo, se me obliga a facturar, por ejemplo, en la prestación de servicios, cuando me pagan. Sin embargo, en el ISR debo registrar cuando "devengo" el ingreso. Puedo tener derecho a esos ingresos que no me han pagado. Es así que ya lo denegué, pero no

---

[12] Tuncho Granados es un Contador y Auditor Público Certificado, fundador y miembro del Concejo de Estudios Tributarios, una de las más antiguas y prestigiosas organizaciones académicas devotas al estudio y análisis de las leyes fiscales en Guatemala. Fue así mismo miembro del Concejo de la Escuela de Economía de la Universidad Francisco Marroquín. Orador del Instituto de Derecho Notarial y también en diferentes universidades locales. Así mismo, es autor de cinco libros en materia tributaria.

tengo obligación de facturar porque no me han pagado. Lo inverso sucede para los costos y gastos. Conozco que tengo el gasto o costo de algo, pero me lo facturarán hasta el mes siguiente, que puede ser un periodo de ISR siguiente. Es así que el costo o gasto es del periodo que concluye en diciembre, pero la factura es de enero del año siguiente. La ley indica que el gasto es deducible en el periodo a que corresponde, periodo que se rige por el ISR no por la ley del IVA. Por ello que el gasto será de diciembre, aunque la factura sea de enero. Se deduce la provisión y se liquida con la factura posterior.

Este tema es importante porque hay ajustes que se basan en esta dicotomía. Tenga cuidado y registre contablemente correctos los gastos. Hagas las relaciones. Mi recomendación es que tenga un libro contable autorizado y habilitado adicional: **conciliación para efectos de ISR.**

CONTENCIOSO ADMINISTRATIVO: EL MEOLLO DEL ASUNTO

El sábado 7 de septiembre de 2013, tuve la oportunidad de estar en la convención tributaria del Instituto Guatemalteco de Contadores Públicos y Auditores, subsede Quetzaltenango. Experiencia enriquecedora. La oportunidad de disertar frente a profesionales de la contabilidad pública y auditoría con experiencia en el manejo y asesoría de impuestos.

El tema que me pidieron compartir, obviamente, fuera del ámbito de trabajo de un contador público y auditor – CPA -, pues el contencioso administrativo es un juicio. Claramente tenemos aún muchas deficiencias en la forma de tratar los temas tributarios en los juicios. Principalmente el manejo de la prueba es un tema complicado en estos procesos, ya que se olvida el punto principal del litigio: ¿actuó la administración tributaria de manera correcta?

Es de vital importancia entender que hay dos temas en todo ajuste tributario: la **realidad financiera y contable**; y la **aplicación jurídico-tributaria**. Estos dos mundos conviven y tienen vasos comunicantes, pero son de naturaleza distinta. El criterio que predomina en la fase administrativa es un criterio de auditoría y contabilidad. En el contencioso, el ámbito es jurídico y se discute, principalmente que las resoluciones hayan sido dictadas cumpliendo con la juridicidad. Lo jurídico; el Derecho.

Es así que no se discuten "impuestos". Se discute la *juridicidad*[13] del acto. Por ello, resulta complicado, muchas veces, empatar los argumentos de defensa de una fase con la siguiente, ya que los enfoques principales no son idénticos. Esto implica, por ejemplo, que la administración tributaria pudo hacer un ajuste en el que tiene la razón, sin embargo, no cumplió con todas las garantías del debido proceso, por lo que el resultado será que hay violación de juridicidad y con ello, una demanda contencioso administrativo declarada con lugar, es decir, a favor del contribuyente.

La prueba, por tanto, no versa sobre "los impuestos", *sino sobre la resolución*, el procedimiento administrativo y, tangencialmente, sobre la realidad que dio origen a la determinación de esos tributos.

Psicológicamente, debe comprenderse la situación de los magistrados que conocerán del caso para manejar la prueba acorde. Es así, por ejemplo, he visto contenciosos manejados con prueba de "expertos" sobre la interpretación de la norma tributaria. Esto es un error grave en varios niveles:

1. Los magistrados tienen el trabajo de interpretar la norma. La ley no se prueba y

---

[13] Según el Diccionario de la Real Academia Española, *Tendencia o criterio favorable al predominio de las soluciones de estricto derecho en los asuntos políticos y sociales*

juzgar es precisamente interpretar la norma. Es como llegar a un restaurante, ordenar, pero ir a la cocina a dirigir al chef.

2. Lo que hay que probar son los <u>hechos.</u>
3. El tema es <u>jurídico,</u> no de contabilidad. Eso es el soporte. La obligación tributaria deriva de la ley, no de la contabilidad. La ley toma actos de la realidad, no de la contabilidad.

El trabajo intelectual fuerte está en las 3 etapas:

    a. La demanda, lugar en la que se presenta la tesis;

    b. El diligenciamiento de la prueba. Acá debe trabajarse para demostrar la tesis plateada. Los hechos en los que nos fundamos para afirmar lo dicho en la demanda.

    c. La vista. Los argumentos de

cierre.

- ¿Qué dije en la demanda que iba a probar?
- ¿Qué probé en la prueba?
- ¿Qué dijo la contraparte que no era cierto y qué probó durante el juicio?
- ¿En qué concluimos luego de ver la prueba?

La sentencia, por tanto, es una consecuencia de tesis aceptada porque los hechos fueron probados.

Nunca vaya a un juicio **sin** prueba suficiente

CAMBIO DE RÉGIMEN

Diciembre es el mes de revisar el año, los logros y las cuentas.

También es el mes en el que debe decidir si sigue o cambia de régimen de ISR. Acá le dejó algunas consideraciones:

1. El régimen opcional simplificado, el del porcentaje sobre las ventas, aumenta para los ingresos arriba de Q30,000 a 7 %.

2. El régimen sobre utilidades se reduce de 31 % a 28 %.

3. En el régimen sobre utilidades hay que pagar ISO. Acá también hay decisiones que tomar, si usará acreditamiento ISR a ISO o ISO a ISR. La afectación va al flujo de efectivo.

4. Si sus ventas del año no excedieron de Q150,000 anuales, puede optar por el régimen de pequeño contribuyente. El impacto acá es mucho menor (5% sobre ventas como impuesto único), pero no genera crédito IVA para sus clientes y el IVA que paga en sus compras es costo. Ventaja principal: NO PAGA ISO.

Es así que en diciembre tendrá decisiones que tomar. No deje pasar la oportunidad que si no hizo bien las cuentas, podrá cambiarlo hasta diciembre del año siguiente.

IMPLICACIONES DE LOS GASTOS DEDUCIBLES

Mucho se habló que la reforma tributaria del año 2012 en Guatemala rebajaba el impuesto sobre la renta. Eso es parcialmente cierto.

Si usted es politiquero, dirá que claro que es cierto porque se bajó del 31% al 25% la tarifa del Impuesto Sobre la Renta. Pero eso no nos dice nada a los que sí le ponemos corazón a este horrendo tema de las exacciones forzadas del producto de su trabajo.

En el Derecho Tributario la cosa es así:

El impacto en el contribuyente es lo que vale. He allí lo que se denomina "capacidad de pago" y "no confiscatoriedad". Véase los artículos 239 y 243 de la Constitución para los textos constitucionales que obligan a cumplir con estos principios.

Para determinar el impacto, la tarifa es lo de menos. Tenemos así que una tarifa del 5% sobre ingresos brutos resultará confiscatoria, porque no se cobra sobre utilidad, sino sobre los ingresos y dicha operación hace que en muchos casos, el contribuyente pague más de lo que gana en su actividad.

De la misma manera, el 25% sobre 40% de utilidad es más que el 31% sobre 10% de utilidad. El impacto en el primer caso es de 10% sobre los ingresos, mientras que en el segundo, es de 3.1%. La tarifa menor no es indicativo que se "bajó" un impuesto.

Es así que la reforma más importante a la ley del Impuesto Sobre la Renta no es la tarifa, sino que el procedimiento de cálculo de la "base imponible". Base imponible, en el impuesto sobre la renta, debe ser el resultado de restar a los ingresos los gastos deducibles.

IMPUESTOS SOBRE LA RENTA EN RELACIÓN DE DEPENDENCIA

Vamos a entrar a un tema complicado. **Lo bueno es que sus aportes a fondos de pensiones, siguen siendo deducibles del ISR.** Siga leyendo.

La mayoría de las personas pagan Impuesto Sobre la Renta en relación de dependencia. Es un régimen asqueroso. Realmente sucio y negativo. Evita el desarrollo de una clase media, castiga la formación de capital en ese grupo y coloca incentivos contrarios a los valores y principios que propiciarán un crecimiento económico en esa gran clase media. La misma clase mayoritaria de los países desarrollados.

¿Cómo me atrevo a decir esto? Un poco de sentido común, llamado técnicamente, análisis económico del derecho -en este caso de la ley, porque de Derecho no tiene nada.

Vea pues: el profesional liberal o el comerciante (técnico, profesional, comerciante, vendedor, etcétera) que no trabaja en relación de dependencia, tiene 2 opciones para el pago de su impuesto sobre la renta: 5% de sus ingresos brutos o 31% sobre su utilidad determinada al final del año (con pagos a cuenta y pago de Impuesto de Solidaridad). El que trabaja en relación de dependencia tiene el pago en una tabla progresiva, según su "renta" del año, con retención mensual sobre proyección.

El que trabaja "no en dependencia" paga mensualmente el 5% de sus ingresos o bien el trimestralmente algo aproximado al 31% de su utilidad. En el 5% sobre ingresos, ése es el impacto final del impuesto. En el 31%, el impacto mínimo será de 0.93% de ingresos brutos (llega a 1.25% por el ISO). Nada más. Se supone que el sistema de impuestos en Guatemala debe ser justo y equitativo, pero vea cómo son totalmente distorsionadores los elementos. Paga porcentualmente más el empleado, el trabajador, la mayoría.

El sistema "caro" para personas individuales que no están en relación de dependencia es 5% de sus ingresos. Se acaba la discusión. El otro, es sobre utilidad. ¿Qué gastos se incluyen para establecer dicha utilidad? Vea la ley y encontrará en el artículo 38 de la ley del ISR, una lista que va de la a) a la z).

Ahora, si usted es empleado en relación de dependencia, la ley establece sólo 6 razones para "deducir". Q36,000 al año, sin comprobantes y un par de asuntos más, que realmente son insignificantes. Contribuciones al Instituto Guatemalteco de Seguridad Social (IGSS), gastos médicos y cierto tipo de seguros. Esto no suma más del 8% de sus "gastos" vitales. Y a cierto nivel de ingresos, usted ya paga 31% de ISR, casi sobre la totalidad de sus ingresos brutos. ¿No puede ser, verdad?

La ley dice entonces que si usted es extremadamente enfermizo, pagará menos impuestos. Eso si su patrono no decide despedirlo primero porque no es productivo. Igualmente, debe necesariamente aceptar como "deducible" sus pagos al IGSS, ya que es casi siempre obligatorio para usted realizar el pago -es técnicamente un tributo- de manera que si el propio Estado se lo exige, debe aceptarlo. Suena correcto, pero no trate de meter gastos de comida, vestuario u otras cosas, porque eso se supone que está incluido en los Q36,000 anuales... ¿Justo?

Para que no se sintiera tan "feo" el régimen, porque al hacer números resulta que su impacto empieza a ser 7, 9 y hasta 15% (y hasta más) sobre su sueldo, le crean el beneficio del "crédito por IVA pagado". Esto es que usted vaya por el mundo recogiendo cuando factura pueda y todo el IVA que pagó en el año, se le acepta como "pago" para el ISR. Así, su patrono, recalcula su impuesto y el 14 de febrero del año siguiente, se lo devuelve de las retenciones que le hizo. Ahhh, sí, porque en este régimen, su cheque mensual ya viene con el cobro del Impuesto que resultará al final del año. Entonces el 14 de febrero es el día del cuchubal. 12% de todo lo que usted compró sirve para pagar el Impuesto Sobre la Renta. Al que realmente le sirve este beneficio es al Estado, pues obliga a los negocios a dar factura, ya que crea el incentivo en usted de ser cobrador de impuestos y aumenta la recaudación global de IVA y de ISR de dichos negocios. A usted le hace un poco de daño.

¿Qué fomenta este sistema? El gasto. El despilfarro. Con el afán de no pagar ISR, los empleados salen a la caza de cuanto puedan para justificar mayores gastos.

Adicionalmente, la ley, sabiamente, había dispuesto que los planes de pensiones de capitalización individual fueran un gasto deducible. Claro, pues todos sabemos que en los países desarrollados, los mayores actores en bolsas de valores -es decir los dueños de las corporaciones y mayores aportantes al mercado de capitales- son los fondos privados de pensiones. Warren Buffett manejaba sus inversiones así, según recuerdo. Usted tiene el derecho soberano de ahorrar para su vejez. Si es "proletario", alguien debe velar por su vejez y qué mejor que un sistema de capitalización privada, es decir, suyo propio en el que usted sepa cuánto hay metido, para usted solito. Todos los libros de valores indican que la frugalidad en la juventud es moral y ayudará a su vejez, para no ser una carga para su familia, ni para el Estado.

Por ello existía la norma de esa deducción.

Claro, hasta que algún burócrata, "economista de la eficiencia burocrática" o asesor de planes de gobierno -no de estatistas-, dispuso manejar los términos a su conveniencia y en el año 2010, la Superintendencia de Administración Tributaria -SAT- emitió un "algo" que determinaba que los aportes a planes de retiro o fondos de "pensiones" bancarios, no serían deducibles. Argumentó SAT que la Superintendencia de Bancos le indicó que los bancos no podían realizar este tipo de planes. Cerraron burocráticamente el círculo. Por supuesto que yo dije en aquel momento que no era legal, constitucional ni justo...

Así es que los funcionarios de turno, con un criterio totalmente obtuso, anticuado y político y de corto plazo, pretendieron ampliar la recaudación coartando el soberano derecho de los trabajadores a ahorrar y acumular capital.

Si se mantiene como único beneficio sustancial en el ISR "la planilla del IVA", como se le conoce, estamos minando la capacidad de formación de capital y seguiremos en el atraso, con un sistema bancario y financiero sostenido principalmente por operaciones de bonos del Estado, rentista y buscador de favores de las autoridades de turno. Ahora sí lo discutieron, porque se quedaron sin incentivos en el sistema para obtener capital de individuos. ¿De qué sirve ahorrar? Bien lo dijo una usuaria de Twitter: "A mí no me gusta guardar dinero en el banco. Prefiero dejarlo en bolsas, chumpas, pantalones, etc. Así además de ahorrar, me doy sorpresas".

La Superintendencia de Bancos y el Banco de Guatemala –BANGUAT- resultan defendiendo la postura que emitió a SAT, por supuesta comunicación de la Superintendencia de Bancos -que la dirigía el ahora Presidente del Banco. SAT, por su parte, pretendió pasarse de la raya. Lo bueno, hoy se publicó la sentencia en la que le dicen a ambos, no metan sus narices en donde nadie los llamó. La Corte de Constitucionalidad emitió el fallo por el cual deben ser aceptados esos aportes y dejó sin efecto, para aceptarlo como deducción, los "dictámenes" de la Superintendencia de Bancos y de SAT.

Así que si usted tiene un fondo de pensiones en los bancos del sistema, todo lo que aportó durante el año 2010 es deducible. Compre su Diario Oficial para tener el texto. El principal argumento es que "...el principio de legalidad en materia tributara debe entenderse como la exigencia de que la creación de un tributo y también de sus elementos, sea determinada por una ley, y sin la existencia de esta ley no podrían surgir nuevos tributos o diferentes modalidades de sus elementos. Es decir, deberá ser por ley que se establezcan el hecho generador de la relación tributaria, las exenciones, el sujeto pasivo del tributo y la responsabilidad solidaria, la base imponible y el tipo impositivo, las deducciones, descuentos, reducciones y recargos y las infracciones y sanciones tributarias, de manera que de no estar reconocido alguno de estos elementos en la ley, una autoridad de cualquier índole no podría crearlos, ya que de hacerlo estaría lesionándose el principio de legalidad" y por ello, cuando no se distinguió en la ley el tipo de "fondo de pensiones", no puede limitarse el derecho de la deducción por medio de notas o resoluciones administrativas y reitera el criterio que sería una "exclusión arbitraria". Criterio utilizado en la sentencia del 25 de marzo de 2004, expediente 1086-2003, también respecto a los derechos del empleado en la declaración del ISR de relación de dependencia -allí se discutía el crédito del IVA.

Recuerdo que unas páginas atrás le conté de algunos trucos por si lo llaman a "fiscalizarle" su planilla del IVA. No se vaya a dejar, por favor.

TRANSICIÓN GENERACIONAL

Si bien el tema de planificación patrimonial hereditaria tiene un componente fiscal, el impacto no es tan alto en Guatemala como para planificar basados únicamente en ello. El mayor impacto es posiblemente lo largo del trámite y la falta de certeza en que la última voluntad plasmada en un testamento se cumpla.

Es por ello que las más sofisticadas formas de planificación patrimonial han incorporado, durante 100 años, figuras tan interesantes como las Fundaciones de Interés Privado. Entidades independientes que permiten la sucesión sin esos riesgos.

Tienen la Fundaciones de Interés Privado o FIPs algunos otros usos de protección patrimonial y, en el caso de negocios en marcha, establecimiento de reglas familiares incorporadas directamente mientras se está en vida, para promover, por lo menos, una transición generacional más ordenada.

Ahora bien, en situaciones de negocios en marcha, con socios que no son familiares, el mantenimiento del mismo, con los herederos de algún socio fallecido, puede ser el problema principal. Para ello existe un seguro de continuidad del negocio. Un mecanismo que le permite a los socios sobrevivientes pagar a un precio previamente acordado con el socio fallecido, que a su muerte su parte se comprará dicha participación a sus herederos. La póliza brinda, entonces, el financiamiento.

Impresionante.

MALAS LEYES

ÁBRETE SÉSAMO

Ya cantaron Alí Babá y sus cuarenta ladrones. Dijeron "Ábrete Sésamo", con lo que las arcas del Estado tienen excusa para abrirse al despilfarro.

No es la intención de muchos de los firmantes, pero están abriendo la puerta para una aplastante reforma fiscal, que nos ponga a todos, de patitas en la calle.

El tema fiscal no es un tema de "presupuesto de Estado", como tiende a verlo el asesor de gobierno. Recordemos que la Superintendencia de Bancos, Bancos Centrales, Ministerios y Secretarias - Economía y Finanzas- etc., son lugar de trabajo de los funcionarios que se asesoran por estos "bien intencionados profesionales". Muchos de ellos, se quedarían sin trabajo, si estos organismos no existieran. Pero la historia demuestra que no son necesarios para existir. Lo digo totalmente convencido y no voy a entrar ni siquiera a responder comentarios sobre por qué, pues la historia lo demuestra.

El tema fiscal es un tema moral, principalmente. Moralmente, el cobro de una exacción de dinero, sólo se justifica si el obligado está dispuesto a pagarlo. Si no, es simplemente un robo.

Usted evidentemente estaría dispuesto a aceptar que si sale un decreto por el cual hay que dar muerte a todo aquel que mida menos de 1.85mts, la cosa no está muy "legal". Estoy seguro que no me saldría con el aforismo aquél de "dura lex sed lex", ya que quedaría como genocida o similar de apoyar tremenda estupidez. Es lo mismo con venir y decir que los impuestos hay que pagarlos simplemente porque son leyes.

Entramos así a la carnita del asunto. Al meollo. A lo puro bueno. No se vale proponer que se suban impuestos, se cobren más impuestos, se ajusten más personas, se fortalezca a la SAT, Policía, IVE y demás hierbas, para subir los ingresos del Estado.

En buen chapín -guatemaltequismo-, los ingresos del Estado "PELAN", son los ingresos de cada persona, de cada ciudadano, de cada trabajador, los que deben ser asegurados. Así que las políticas fiscales no deben ir a asegurar los ingresos para el "Estado" (gobierno en cualquier denominación de funcionarios), sino a garantizar que usted, su hermano y hermana, sus tíos, primos, abuelos y padres, e hijos en el futuro, tengan una mejor posibilidad, mejor calidad de vida, mejor y mayores oportunidades. En concreto, que sean cada generación, más ricos que la anterior.

Con ello dicho, hay varios paradigmas ridículos, tomados como dogmas para justificar pedir una reforma que busca resolverle un problema en el que nos metieron los mismos burócratas: hay que eliminar el déficit y para ello, hay que cobrar más tributos.

Momento. ¿El déficit lo crearon los burócratas a los que ahora hay que darles más dinero para que resuelvan el problema que ellos mismos crearon?

No sé usted pero es como haber mandado a hacer una auditoría externa a su empresa, encontrar que el Gerente General le robaba y todavía darle un premio y aumento de sueldo.

El déficit fiscal debería ser cobrado a los funcionarios que lo causaron. No sabemos quienes fueron, entonces, tampoco me lo cobren a mí. Suficiente tengo con mantener a mi familia en esta situación de caos económico.

Segundo paradigma. Si el Estado no tiene déficit, seremos más ricos. Eso es cierto, únicamente, si nunca causamos déficit en primer lugar. Si ya lo causamos, ya nos "jodimos". Salir del déficit no nos hará ricos. Dejar de causarlo y crear las condiciones para que la recaudación voluntaria llegue a los niveles de "superávit", sí, pues esas condiciones son las que están haciendo que usted y yo, cada día, junto con los otros 13,999,998 guatemaltecos, seamos menos pobres (más ricos, pues).

Ya había mencionado Hong Kong. Crece desde hace mucho a 8.2% anual. Carga tributaria igual que la guatemalteca. Nosotros, con suerte, cada año salimos tablas.[14]

---

[14] Ver el artículo de Juan Carlos Hidalgo del 21 de marzo de 2005, *"El mito de la baja carga tributaria en América Latina"*, disponible en: http://www.elcato.org/publicaciones/articulos/art-2005-

Usted está a punto de votar... así que piense, como Carlos Alberto Montaner lo dijo, que: "En nuestro sistema democrático la idea de que existe y se percibe un bien común es una falacia. Lo que existe es intereses particulares, defendidos a dentelladas por los grupos de presión con algún acceso al poder."[15]

No le parece el uso del presupuesto: vote por quien lo bajará y eliminará. ¿Hay alguno? Bien, ése es su trabajo. Aumentar la deuda pública nunca es bueno. No hay ningún "número mágico" que le permita a un país endeudarse para salir adelante. Le están quitando igual dinero a usted. La deuda, siempre, es déficit fiscal.

Es que la democracia debe ser como en Suecia. Los países nórdicos son lo que la "democracia" representa. Bien, no lo digo yo, lo dice un diputado sueco: "Veamos: Suecia duplicó su carga tributaria entre 1960 y 1989 (del 28 al 56% del PIB). Durante 1960 y 1980, el gasto público pasó del 31 al 60% del PIB y el empleo público como porcentaje del total de la fuerza laboral se triplicó. La adjudicación de más y más responsabilidades exclusivas del Estado sueco (léase monopolios estatales) resultaron en que el país

---

03-21.html

[15] Ver el artículo complete de Carlos Alberto Montaner de fecha 2 de junio de 2011, **"Austeridad y suicidio"**, disponible en http://www.elcato.org/austeridad-y-suicidio

se convirtió en "el paraíso de la producción en masas, ya sea de automóviles, viviendas, educación o salud". Pero el modelo era insostenible y eso se volvió dolorosamente evidente entre 1991 y 1993, periodo durante el cual se perdieron medio millón de empleos y el PIB sufrió una pérdida acumulada de un 6%. El gasto público se disparó a un 72,4% del PIB."[16]

De ello, tal como ahora hacen los suecos, en Guatemala, debemos de estar dejando de apuntar a la "democracia", para apuntarle a la República. Con ello, la reforma fiscal buscada, no será "aumento de impuestos", sino lo contrario. Control de los gastos y mecanismos para forzar presupuestos balanceados hasta superávit por ley, de modo que se busque elevar el ingreso *per cápita*, no la recaudación según PIB. La columnista citada lo dijo para Ecuador: "Lo que los ecuatorianos debemos entender es que si hasta la supuesta "utopía socialista" del mundo (1) elimina monopolios estatales, (2) tiene un estado descentralizado y (3) rebaja impuestos, algo está verdaderamente mal con el socialismo colectivista y centralista que ha existido en nuestro país y que amenaza con radicalizarse."[17]

---

[16] Ver el artículo de Gabriela Calderón de fecha 29 de mayo de 2008, **«El "modelo sueco", 1960-1990»** disponible en http://www.elcato.org/el-modelo-sueco-1960-1990

[17] Ver el artículo también de Gabriela Calderón de fecha 3

Estoy trabajando en una propuesta de ISR para Guatemala, misma que pronto la publicaré.

---

de junio de 2008 **"Suecia y la libertad para elegir"**, disponible en http://www.elcato.org/suecia-y-la-libertad-para-elegir

LOS FINES DEL GOBERNANTE

Se habla mucho de izquierda y derecha. Realmente la distinción ha dejado de tener relevancia, toda vez que ambos lados del espectro político -en Latinoamérica, por lo menos- giran en torno al mismo fundamento doctrinario: el positivismo y racionalismo constructivista.

En todo caso, ambos cometen el mismo error (¿recuerda el segmento de este libro llamado "La revisión histórica"?) y nos llevan al mismo descalabro y frustración, como votantes y ciudadanos, de ver que lo que se esperaba, no fue posible. Ni por lado, ni por el otro. (Vea más adelante el segmento "Respecto de la revisión histórica").

Claro, eso indica que como votante tampoco hice mi trabajo intelectual de deslindar la magnesia de la gimnasia y me fui -como se dice coloquialmente- "con la finta" ...

Lo primero que debemos entender es que el ser humano, por naturaleza, por cableado, siempre tiende al mal. ¿Quiere esto decir que todos somos asesinos en serie? No. Simplemente que nuestra tendencia natural es a hacer lo que la moral llamaría "el mal". Por esta razón es que se crean las normas, tanto morales y éticas, sociales y legales. La religión, durante buena parte de la Historia, ha sido el vehículo que introdujo estos límites a la vida del ser humano. Ahora el ataque a la moral más grande que hay, es contra los preceptos religiosos. Esta corriente "moderna" se llama "relativismo", pero de ello escribiré otro día.

Bien, con eso claro, es impresionante que las soluciones de los políticos -todos positivos y constructivistas- giran en torno a la nobleza moral de quienes aplicarán esas soluciones plasmadas, muy a "lo Comte", en leyes emanadas de algún órgano del Estado con poder legislativo.

Una solución muy platónica en el sentido propio del término. La clase política con una superioridad moral mayor que los gobernados. No tengo que elaborar para mostrar empíricamente -desde la realidad- que esto no es así.

No obstante, siempre se apela a que la solución a los problemas está en una nueva ley, nueva dirección, comité, secretaría o similar, que será administrada por inmaculados políticos que tienen los intereses del Estado en mente.

Ésa es la segunda parte y el segundo grave error: al estar en un puesto su naturaleza de ser humano cambia a naturaleza de semidiós político.

TODO ser humano vive siempre por sus muy propios y personales intereses y de tal manera toma decisiones. Nunca toma decisiones en el vacío y nunca toma decisiones que no vayan acorde a sus propios y personales fines.

Vea entonces lo que sucede cuando los más nobles intereses -ayudar a un grupo de personas a salir de la pobreza extrema- se unen a un aparato estatal que se fundamenta en la supuesta nobleza de los gobernantes:

Se utiliza ese aparato estatal para obligar a todos los demás a cumplir con ese fin, no importa qué y aun sacrificando fines de otras personas, que pueden ser igual o más loables. Se puede llegar a aniquilar la oposición a dichos fines -eliminar la libre emisión del pensamiento- coaccionar por medios dudosos -amenazas de expropiar- sacrificar fines verdaderos del Estado por tan noble fin -reducción a la seguridad, justicia e infraestructura- y hacer una guerra psicológica con usted que cree que deberían destinarse recursos a otros fines -el interés social debe prevalecer sobre el suyo.

Realmente el interés del político en el poder está prevaleciendo. El interés que es común es que se permita a todos cumplir sus fines personales, siempre que obedezcan a un marco legal que delimita los derechos de los demás.

Eso requiere de seguridad, justicia e infraestructura. El marco legal debe ser uno que incentive la obediencia de esas pocas, pero bien delimitadas esferas de acción y permita que florezcan esos nobles fines de caridad y altruismo en aquellos que lo desean.

No se pueden hacer leyes para que las apliquen los santos del cielo, pues ellos están precisamente en el cielo, no acá en la tierra.

EL MODELO ECONÓMICO

En el mundo se discuten los "modelos económicos" y se habla de implementar uno, otro o aquél. El problema está en que los "modelos económicos" son resultado de una estructura moral y jurídica particular.

¿Qué quiere decir esto?

Bien, el modelo económico no es más que *el resultado de un conjunto de normas morales y jurídicas adoptadas por las personas dentro de una "jurisdicción"*.

Discutir el modelo económico como el medio para lograr "algo" es, por tanto, incongruente e improductivo. Resulta que debe analizarse el modelo moral y jurídico. Ello nos llevará a un tipo de modelo económico. Resultará necesariamente de esas normas morales y jurídicas. Nunca se logrará al revés. Es así que un sistema moral corrompido, con "aplausos" para el corrupto, para el que logra fines sin importarle los medios y sin esfuerzo real, nos dará un sistema jurídico que le permita a esas personas navegar en él impunemente.

El resultado económico será un tipo de modelo que privilegia el "cuello", la "mordida" sobre la empresarialidad o el trabajo honesto. Buscará un gobierno interventor, de permisos, para así poder privilegiar al "cuate" o al "mordelón". Las leyes se promoverán de manera que se otorguen protecciones, subsidios, barreras y otros mecanismos para eliminar a quien quiere prosperar trabajando. Será dudoso quedarse con el producto del propio esfuerzo y la sociedad llegará a un punto en el que premiará la holgazanería, conformismo. Es por ello que no debe buscarse un modelo económico, **sino un modelo moral y jurídico.**

¿Cuál es cuál?

ACTUALIZACIÓN TRIBUTARIA

Supuestamente la ley de Actualización Tributaria era una reforma para simplificar el sistema. Tan cerca de la verdad como la isla de Seychelles. La ley de actualización tributaria y su antecedente casi inmediato, el decreto 4-2012, crean un camino enlodado y pedregoso para cumplir con la cívica obligación de pagar tributos. No se eliminan distorsiones, se crean más. No se facilita cumplir con la ley, se facilita que le audite SAT. No rebaja carga tributaria, la aumenta. Veamos un par de ejemplos.

1. Relación de dependencia. Se eliminan deducciones y se elimina el crédito de IVA al ISR. Debemos entender que el empleado en relación de dependencia es quién desembolsa el IVA, así que la carga tributaria que antes era ISR-IVA se convierte ahora en ISR+IVA. Es así que para alguien que tenga que gastar lo que gana para mantener a su familia, debería pagar casi 19% de su ingreso en impuestos. Sin contar circulación de vehículos, IDP, bebidas y IUSI.

2. Los dividendos y utilidades. Técnicamente no estamos ante una doble tributación, pues un impuesto es de la sociedad y el otro del accionista, pero debemos entender que es el mismo dinero. Antes se pagaba 31% de las ganancias de la sociedad. Ahora será el 31+5% este año y 25+5% en 3 años.

Resultado, seguimos con un ISR rondando los 30%. Que al calcular que se limitan los costos y gastos deducibles, implica que neto, es más carga que antes.

Adicionalmente, los trámites y obligaciones aumentan. Es ahora más caro en tiempo y dinero cumplir. Debe guardar más documentos, llenar más requisitos y hacer más trámites. La tapa al pomo se la pone una redacción alambicada que deberá ser desentrañada en los tribunales, si usted tiene la capacidad económica de defenderse o simplemente pagará más cuando sea legalmente extorsionado por el funcionario de SAT que le toque aplicarla.

¿Qué quiere decir esto?

Primero, que todos los guatemaltecos somos más pobres. Segundo, que la reforma tributaria es un fracaso. No por sus ya veintitantos artículos impugnados, sino porque no logra lo que se supone era su fin. Tercero, aumentará el conflicto entre gobierno y ciudadano, con lo que tendremos una sociedad más confrontada.

REFORMAS AL ISR CONTENIDAS EN EL 4-2012

Aunque no entran en vigencia las que modifican "situaciones jurídicas constituidas", sí hay algunas que son importantes tener presente.

La primera se refiere a los exportadores. Es una combinación de normas del ISR e IVA modificadas en este decreto -4-2012- que causa varias controversias.

Es el primer artículo que reforma el ISR en este decreto y entre lo que llama la atención dice: *"... cuando emitan facturas especiales por cuenta del vendedor de bienes o el prestador de servicios de acuerdo con la Ley del Impuesto al Valor Agregado y deberán retener con carácter de pago definitivo el Impuesto Sobre la Renta,* **con una tarifa del cinco por ciento (5%) si se trata de compra de bienes, y seis por ciento (6%) por la adquisición de servicios***, calculado sobre la renta presunta del importe facturado, menos el Impuesto al Valor Agregado retenido"*

La retención del IVA no aplica, pues acá no pagan el IVA sino que lo calculan como crédito y débito, pero el efecto es calcular el ISR como pago definitivo sobre la renta presunta con la tarifa que allí dice. Ahora bien, 2 problemas en el cálculo:

1. ¿Cuál es la base imponible? Base imponible en lenguaje de impuesto es la cantidad a la que le aplico el porcentaje. Acá dice "renta presunta", pero no hay

ningún artículo en la ley que explique cuál es la renta presunta. De tal manera que no "hay base". ¿En qué importa esto? En que no tenemos forma de aplicar el porcentaje a nada. Creo que lo debieron decir en este artículo es cuál era la renta presunta, como estaba hasta el 25 de febrero y luego remitir a la tarifa del artículo 44 o 72, según quisiera el Congreso. Grave error. Conclusión "constitucional": NO SE PUEDE CALCULAR EL IMPUESTO Y POR TANTO NO SE PUEDE PAGAR.

2. Los líos que le causa al "proveedor no autorizado":

- o ISR como pago definitivo -es decir, sin posibilidad de calcular su verdadera utilidad-
- o IVA: no se paga el IVA al productor. Se retiene la totalidad.
- o No hay exención para el productor en cuanto a no emitir factura. Sancionable por ello.

En este caso, el productor pagará sobre "renta presunta" aunque sea un productor real, legal, correcto y honrado. Esto quiere decir que la ley obliga a que se pague en la facturación sin importar cuál es la utilidad real del productor. El principio básico del Derecho Tributario es que deben establecerse impuestos únicamente sobre la capacidad de pago de un ciudadano. Una renta "presunta" no revela, no muestra, la capacidad de contribuir de ese productor. Además, sigue teniendo "ventas" y no hay regulación para efectos de considerarla renta exenta en su régimen normal. Podría tener que pagar 2 veces. En el IVA, el problema está en que el productor está obligado a dar factura en la venta, pero ahora, el comprador no la quiere, es más, debe emitir esa factura especial (factura especial: factura que emite el comprador), pero no existe ninguna norma que regule las obligaciones del lado del vendedor, con lo que podría hasta caer en la infracción sancionada con cierre de establecimiento.

La norma está tan mal hecha, que no puedo creer que le hayan hecho la "upa" en todos lados…

RÉGIMEN DEL ISR 5% REFORMAS DEL 4-2012

Este régimen fue modificado en el sentido que ahora únicamente se puede estar inscrito en el sistema de retención y ya no en el de pago directo. ¿Qué implica? Que todos los que estaban en el régimen del artículo 44 y hacían pago directo, ya no podrán hacerlo sin autorización previa y mientras la obtienen, todos sus clientes deberán retenerles el 5% cuando les paguen.

Ahora bien, del lado de quien paga, si fuera un contribuyente en el régimen de utilidades (artículo 72) para que los pagos sean considerados "deducibles", deberá hacer constar dicha retención.

Si bien el requisito de la retención para aceptar la deducción está en el mismo 4-2012, obviamente será un tema a ajustarse por SAT en este año y dicha retención debe hacerse desde el 25 de febrero (con duda) y seguro desde el 1 de marzo de 2012.

En este punto resulta importante recalcar que la retención debe hacerse "en tiempo" y eso es al momento de recibir la factura para ser pagado el monto retenido dentro de los primeros 10 días del mes siguiente. Conforme a la ley del IVA, la factura debe ser emitida, para venta de bienes: al momento de la entrega o del pago, lo que ocurra primero y en el caso de servicios, al momento del pago. Esto quiere decir que algún ajuste habrá que hacer en los procesos a modo que cuando un contribuyente esté en el régimen y toque pagarle, no se retenga tarde ni se hagan las constancias de retención tarde.

Adicionalmente, las reformas al Código Tributario incluyeron como infracción realizar tardíamente las retenciones, por lo que no sólo se sanciona "atípicamente" eliminando la deducción, sino que también típicamente con una multa.

LA REFORMA TRIBUTARIA (2012 el año del error)

Por lo menos el Presidente ha aceptado que la Reforma Tributaria es un error.

A lo largo de estas páginas he indicado que todo es un error en esos decretos. Lo malo ha sido que los asesores alrededor del Presidente creen que los impuestos son un tema de soplar y hacer botellas.

Los impuestos, tributos en general, son el precio del gobierno. Como cualquier precio, su nivel apropiado depende de la percepción de valor del pagador. Traducido al contribuyente, lo más importante de cualquier reforma tributaria es, precisamente, determinar el valor respecto a la percepción del contribuyente. ¿Qué quiere decir?

1. Prioridades de gasto
2. Transparencia en el gasto
3. Necesidades que realmente vea la gente, el contribuyente, como necesidad que debe ser cubierta por el gobierno.

Es así que tener programa de televisión, ferias de juegos mecánicos gratuitos y viajes de funcionarios, quizás no es la mejor priorización del gasto.

Cuestionamientos de corrupción a todo nivel, totalmente opaca gestión, otro tema sin tratar. Y, por último, deficientes sistemas de seguridad y justicia; repunte de violencia, mientras que se aumenta burocracia en otros sectores, hace pensar que las verdaderas necesidades no están siendo cubiertas.

¿Cuánto cree usted que vale para el contribuyente este gobierno?

La reforma tributaria ha sido recurrente tema en la política guatemalteca. Posturas de posturas. Siempre causa salpullido en uno y otro bando, aunque al final le echan porra todos al mismo resultado.

¿Es necesaria una reforma fiscal en Guatemala? Por supuesto. Pero tanto la "derecha" como la "izquierda", claman por una reforma que en el fondo es lo mismo que tenemos hoy.

Creo que ya dije que los números, las estadísticas, se pueden manejar para justificar cualquier posición. He allí el primer gran problema de clamar por la reforma fiscal. Y en materia impositiva, los paradigmas mandan. No la verdad.

La reforma fiscal que se pretende en Guatemala parte de la premisa que el 12.6% del PIB es insuficiente para sacar a Guatemala de la pobreza. Que el instrumento principal para salir de pobres es la intervención gubernamental, la "redistribución" y las políticas públicas, para lo que es necesario, imperioso y urgente, que Guatemala recaude más impuestos. Salen, derecha e izquierda, enarbolando sus estadísticas y comparaciones: "Guatemala tiene una de las cargas tributarias más bajas de Latinoamérica" y concluyen al unísono, URNG, gobierno socialdemócrata, Banco Mundial, ONU y

ENADE, con bombos y platillos "Hay que aumentar la recaudación".

Vea pues cómo la carga tributaria actual de los demás países nos debería importar tanto como la Constitución Política de la República le importa a los gobernantes y políticos, para, como ciudadanos, empezar a exigir que nos hablen con la verdad. Así que responda a esta pregunta que lanza Peter Bauer:

"¿Cómo evaluaría usted las posibilidades económicas de un país asiático que tiene muy poca tierra (y ésta consiste en montañas erosionadas), que realmente es el país más densamente poblado del mundo; que tiene una población que ha crecido rápidamente, tanto por el aumento natural de la población como por la inmigración en gran escala; que importa todo su petróleo y todas sus materias primas y además mucha de su agua; que tiene un gobierno que no está involucrado en la planificación de su desarrollo y que no ejerce ningún control sobre el tipo de cambio ni restringe las exportaciones e importaciones de capitales; y que es la única colonia occidental de alguna importancia?"[18]

Realmente piense que sería de un país así. Una roca sin agua en el pacífico. Sin recursos naturales importantes. Condenado a la pobreza. Deben establecer una carga tributaria similar a los países "desarrollados" para dejar de pobres. Hoy día, crece

---

[18] Ver artículo de Peter Bauer de fecha 16 de febrero de 2006, "Hong Kong", disponible en http://www.elcato.org/publicaciones/ensayos/ens-2006-02-16-a.html

a un extraordinario 8.2% anual de PIB y presenta un ingreso per cápita de US$42,000 anuales. Pues ese país es Hong Kong y tiene una de las cargas tributarias más bajas del mundo. Tiene únicamente un impuesto (sobre la renta) bajo sistema de fuente territorial, con una tarifa única de 15% para corporaciones; 16.5% para entidades no incorporadas y 15% para salarios. No hay más. Su carga tributaria es de 12.8% sobre su PIB. Guatemala tiene 12.6%, pero un crecimiento económico del 2.2% y un ingreso per cápita de US$5,200; casi 8 veces menos. ¿Está bien eso?

Peter Bauer en el mismo artículo, responde a la pregunta planteada por él: "Usted probablemente pensaría que dicho país está condenado [a la pobreza], a menos que recibiera una enorme ayuda externa. O dicho de otra forma, eso es lo que usted debería creer, si creyese lo que los políticos de todos los partidos, la ONU y sus organizaciones afiliadas, los economistas prominentes, y la prensa de calidad dicen acerca de los países menos desarrollados. ¿Acaso los economistas de desarrollo del Instituto Tecnológico de Massachussets no han dicho categóricamente sobre los países menos desarrollados que la escasez general relativa a la población de casi todos los recursos crea un círculo vicioso de pobreza que se autoperpetúa? El capital adicional es necesario para aumentar la producción, pero la pobreza en sí hace que sea imposible poder llevar a cabo el ahorro y la inversión requeridos para una reducción voluntaria en el consumo."

Bajo los parámetros usuales de estos señores -ONU, economistas "mainstream", políticos y analistas de prensa- Guatemala está condenado, como país, a ser pobre si no se sube la recaudación.

Surgen así las propuestas de "derecha" y de "izquierda" en cuanto a la tan solicitada "Reforma Fiscal". Son basadas en supuesta evidencia empírica y comparativa. ¿Pero es la verdad?

Juan Carlos Hidalgo del Cato Institute, pone en duda esos números, haciendo una comparación mucho más amplia.[19] Este investigador, declara en dicho artículo que: "Resulta paradójico además que Guatemala, uno de los países con la carga tributaria más baja de la región, cuente con tipos del impuesto de renta corporativo y personal claramente superiores a los de Brasil, la nación con la carga tributaria más alta. Ambos países cuentan además con un tipo de IVA que es similar. Esto demuestra qué tan viciado es el indicador de la carga tributaria." Además que Brasil no es un país con los mismos niveles de desarrollo que Hong Kong y aunque su crecimiento es de 7.5% anual, tiene un ingreso per cápita de solo US$10,200 anuales. Gran diferencia, principalmente si vemos que su carga tributaria es de 35.8% del PIB. Logran menores resultados que Hong Kong y son casi 4 veces más caros... No tiene lógica, ¿eh?

---

[19] Vea el artículo de Juan Carlos Hidalgo del 21 de marzo del 2005, "**El mito de la baja carga tributaria en América Latina**" disponible en http://www.elcato.org/publicaciones/articulos/art-2005-03-21.html

Este punto es vital para entender que cuando se pretende una reforma fiscal en Guatemala, este detalle pasa por alto. Se quiere aumentar la recaudación y para ello se sale con temas como "evasión", "elusión", etcétera, sin ver que el mayor problema no es "lo fiscal", sino la existente carga en los que sí pagan. Más claro: Si usted paga impuestos en Guatemala, paga los tipos impositivos de un país de primer mundo, pero recibe un Estado de tercera. ¿Es problema de carga tributaria? No, es problema de base y sistema que omite los principios constitucionales reales.

Milton Friedman, Premio Nóbel de Economía, relata Hidalgo, va más allá y advierte que "el tamaño del Estado no se determina únicamente por lo que está registrado como gasto gubernamental sino también por las reglas y regulaciones estatales". Es así que conforme al estudio "Haciendo Negocios" del Banco Mundial, se encontró que 5 países de la región cuentan con las regulaciones más ineficientes del planeta. ¿Se atreve a decir cuáles?

1. Paraguay
2. Costa Rica
3. Venezuela
4. Bolivia
5. Guatemala

Así que tenemos en estos países un sector informal que emplea entre el 40% y 65% de la población económicamente activa. Ese peso no se cuenta en la carga tributaria. En las múltiples informaciones, he llegado a escuchar que Guatemala tiene un sector informal del 85%. Pero usemos estas cifras del Banco Mundial: 65%, que es lo que algunos empleados de SAT me han confirmado. Eso implica que únicamente 45% de la población tributa. "¿No, el IVA lo pagan todos?", gritan los que viven de los impuestos o sacan ventaja de ellos. Pero vea cómo el IVA no lo pagan todos:

Usted es "formal" importador. Paga IVA en la frontera. Trae su producto. Lo vende a un "formal" intermediario, que lo comercializa en las "subdistribuidoras". El subdistribuidor, aunque "negocia" no querer factura, se topa con que el "formal" intermediario, exige vender con factura. Este subdistribuidor, paga el IVA y es la última transacción que paga IVA. El subdistribuidor la vende a subdistribuidores informales más pequeños, quienes lo venden a tenderos y puestos y llega al público, con un ahorro de 12% frente al "formal", desde hace 3 transacciones. El mercado informal genera riqueza que no paga impuestos y el público consume sin impuestos. No hay recaudación de IVA ni ISR. NO TODOS EN GUATEMALA PAGAN IMPUESTOS, aunque quieran vendernos que sí.

Bien, con este punto aclarado, nos queda hacer el cálculo que iba a pedirle hiciera: 35% de la población paga el 12.6% del PIB. 12.6% que se mide respecto a la producción completa, al 100%. Si divide 12.6% en 35% de la población, obtendrá la carga tributaria "real" del sector "formal"... listo: 36%

y si el sector informal crece a lo que han calculado muchos, 75%, sólo 25% de la población paga impuestos, con lo que la carga es realmente de 50.4%.

¿No le da miedo y escalofríos? Recientemente en un proceso que estamos defendiendo en la firma, calculamos que un cliente, si hubiera pagado el Impuesto a la Empresas Mercantiles y Agropecuarias y el Impuesto Sobre la Renta, en dicho año (no pagó el Impuesto a la Empresas Mercantiles y Agropecuarias, por caer en una exención que SAT no quiere aceptar), estaría pagando 96% de sus utilidades en ese año. Eso es una carga tributaria del año de 96%. ¿Justo?

Entonces, ¿qué tipo de reforma fiscal requiere Guatemala?

Una que permita crecer al país.

Vea estas gráficas interesantes elaboradas con datos de CEPAL.

Cuadro No.1 TARIFA DE IVA MAYOR A LA COLOMBIANA (diciembre de 2002)

PAÍS	TARIFA	RECAUDO (%PIB)
Uruguay	23%	12.0%
Argentina	21%	**6.0%**

Brasil	20.48%	**2.5%**
Chile	18%	11.9%
Perú	18%	**7.0%**
Venezuela	15.5%	**6.6%**
Colombia	**15%**	**7.0%**

Cuadro No.2

TARIFA DE IVA MENOR A LA COLOMBIANA (diciembre de 2002)

PAÍS	TARIFA	RECAUDO (%PIB)
Panamá	5%	4.7%
Rep. Dominicana	8%	**11.0%**
Guatemala	10%	**7.4%**
Haití	10%	6.0%
Paraguay	10%	**8.1%**
Honduras	12%	**12.8%**
Ecuador	12%	**10.0%**

¿Ve la relación entre ambos? A una menor tarifa de IVA, usualmente hay una mayor recaudación. Lo mismo sucedería con una tarifa reducida de Impuesto Sobre la Renta. Los datos son los vigentes para el año 2002. Ahora en Guatemala el IVA es 12% y seguro habrá cambios de tarifas en otros países.

Debemos ver primero, para establecer el nivel deseado de recaudación, cuáles son, como dice nuestra propia Constitución, "las necesidades del Estado" (artículo 239 de la Constitución Política de Guatemala), para determinar cuál será el máximo nivel de gasto del Estado. Es así que, como dice Hidalgo en el artículo ya citado: "Se ha sugerido que una mejor manera de calcular la carga fiscal del Estado es a través del gasto gubernamental. Tarde o temprano todo gasto debe ser cubierto con impuestos, sean estos presentes o futuros. En un estudio de las economías de la OCDE y 60 naciones alrededor del mundo, James Gwartney, Randall Holcombe y Robert Lawson encontraron que "el nivel de gasto del gobierno que maximiza el crecimiento no es mayor que un 15% del PIB"—y "cuando el ámbito del gobierno se expande más allá de ese nivel, hay un impacto negativo en la riqueza de las naciones". El gasto público de los países latinoamericanos es de aproximadamente un 24% del PIB." Esto se mide utilizando la famosa curva de Laffer. Se la dejo a los economistas, pero simplemente indica que, a una menor tarifa impositiva, en ciertos niveles, puede lograrse una mayor recaudación. Es claro que debe considerarse que, a una menor tarifa, puede lograrse un mayor incremento económico, es decir, mayor riqueza y por ello, mayor cantidad de ingresos al gobierno. Hong Kong recauda 8% más cada año con su impuesto único de tarifa única y baja de 15%.

Pedirle a un país pobre que suba niveles de tributación, "porque así lo hacen los países vecinos o los países desarrollados", olvida un elemento histórico importantísimo. Esos países ricos no se hicieron ricos con altas tasas de impuestos. En EE. UU., por ejemplo, el impuesto a la renta se creó en el siglo XX, pero para ese momento, ya era "rico". Igualmente Europa. Hong Kong es rico, sin altas tarifas impositivas.

Lo que los pobres debemos copiar es lo que los ricos hicieron cuando eran pobres. Hidalgo señala que "Aun así, la pesada carga de niveles impositivos tan confiscatorios ha pasado su factura en las economías desarrolladas. El crecimiento económico de los países europeos se encuentra prácticamente estancado. Por ejemplo, el sector privado sueco no ha creado nuevos puestos de trabajo desde 1950. Otros países europeos se han enfrentado a esta dura realidad y han tenido que bajar sus cargas tributarias con el fin de reactivar sus economías letárgicas. Entre 1996 y el 2003, Bélgica, Dinamarca, Grecia, Islandia, Italia, Luxemburgo, España, Portugal y Alemania han reducido considerablemente los impuestos."

¿Qué los hace ricos y a nosotros pobres? Hidalgo vuelve a apuntar acertadamente: "Estos tipos impositivos elevados, aunados a las excesivas regulaciones, aumentan los "costos de legalidad", es decir, los costos que implica mantener un negocio al día con todas las regulaciones e impuestos que demanda el Estado. Es así como se presenta un círculo vicioso: conforme más gente opta por la informalidad debido a los altos impuestos, los ingresos del gobierno disminuirán, por lo que habrá presión para que los tributos que se le cobran a los negocios formales sean más altos, lo que conducirá a mayor informalidad aún." Ya vio que somos uno de los 5 Estados con las regulaciones menos eficientes de la región. Ese hecho sí nos hace pobres, no cuánto pagamos de impuestos.

Guatemala tiene tasas de primer mundo y Estado en trapos de cucaracha. ¿Usted no paga más de lo que cree que vale un vaso de leche, simplemente porque alguien lo quiere obligar? Comprará otra cosa. Lo mismo sucede con el Gobierno. Le presionan los altos costos de legalidad, por lo que optará por la ilegalidad. Apretar la tuerca no sacará al país de pobre. Al contrario.

Bauer, citado arriba, nos explica que un estudio de alguien que conocía muy bien el tema, publicado en la Universidad de Chicago, explicó las razones del crecimiento y éxito de Hong Kong: "Rabushka analiza los procesos y métodos por los cuales en menos de 140 años, unas cuantas rocas vacías y estériles se convirtieron en un gran centro industrial de comercio y finanzas con cerca de cinco millones de personas. **Él le atribuye esta historia de éxito**

económico a las aptitudes de las personas y a la adherencia a las políticas públicas adecuadas. La empresa, el trabajo duro, la habilidad de detectar y utilizar las oportunidades económicas son extensas en una población que es china en un 98 por ciento, que está concentrada determinadamente en ganar dinero día y noche. Muchos son inmigrantes que trajeron habilidades y empresa más que nada de China, especialmente de Shanghai, el olvidado lugar de habilidad y empresa ubicado en el centro de China. **Las políticas enfatizadas por Rabushka son el conservadurismo fiscal; los impuestos bajos; el cobro de precios de mercado por ciertos servicios gubernamentales; la política liberal de inmigración, al menos hasta hace poco; el libre comercio en ambas direcciones; el movimiento sin restricciones del capital entrando y saliendo del país; la participación mínima del gobierno en la vida comercial, incluyendo la resistencia a conceder privilegios a los intereses seccionales. No hay incentivos especiales o barreras a la inversión extranjera, no hay insistencia en la participación local de las empresas extranjeras. Tampoco hay feriados de impuestos o cualquier otras concesiones especiales para la inversión extranjera, pero de igual manera no hay restricciones por sobre el retiro de capital o sobre la remisión de ganancias.** Estas políticas liberales, notablemente la libertad para retirar el capital, fueron diseñadas para fomentar el flujo entrante del capital y la empresa productiva, lo cual de hecho lo lograron."

La salida de la pobreza nunca ha estado en un Estado con gobierno pesado. Siempre ha sido "a pesar del gobierno". Lo subrayado es la salida a la pobreza. La Reforma Fiscal debe ir a concentrar el gobierno en esos deberes esenciales: seguridad jurídica, certeza en el castigo al transgresor y no intervención en las esferas privadas.

REFORMAS TRIBUTARIAS DEL PARTIDO PATRIOTA (2012)

Es momento ya de entrarle a la reforma de una manera más técnica, pues leo y leo conjeturas, suposiciones, porras y críticas, pero nadie dice por qué aplaude o por qué critica.

El 3 de febrero de 2012 a las 10:55, el Congreso recibió la propuesta. Ya el 16 de febrero de 2012 era el decreto 10-2012. Ya esa velocidad es sospechosa.

La propuesta está contenida en más de 100 páginas y consta de 7 libros que, supuestamente, de forma ordenada, reforman o transforman lo siguiente:

1. Impuesto Sobre la Renta;
2. Impuesto a la Primera Matrícula de Vehículos Automotores Terrestres;
3. Ley Aduanera Nacional;
4. Reformas a la ley del Impuesto al Valor Agregado;
5. Reformas a la ley del Impuesto Sobre Circulación de Vehículos Terrestres, Marítimos y Aéreos;
6. Reformas a la ley del Impuesto de Timbres Fiscales y de Papel Sellado Especial para Protocolos;
7. Disposiciones Transitorias y Finales.

Tristemente, consta en el envío que el anteproyecto fue conocido por el Directorio de la Superintendencia de Administración Tributaria, quien emitió una opinión favorable, pues SAT no ha cumplido, desde hace varios años, con su papel de Administrador Tributario, sino de herramienta para la comisión de hechos que pueden calificarse de "terrorismo" fiscal. No es tema actual, pero da pena que un ente que ha comprobado no ser técnico en su actuar (pierde más del 85% de los procesos de ajustes tributarios en tribunales) es quien opina favorablemente.

La exposición de motivos justifica el proyecto en *"el cambio climático y las crisis financieras e inmobiliarias de los años 2008 y 2009, los cuales si bien es cierto, no fueron creados por los gobiernos y los habitantes del país, sí han sido sufridos y sus consecuencias deben ser compensadas con el esfuerzo de todos"*... y habla luego que debe cubrirse el déficit fiscal que durante los períodos 2000-2008 registró un promedio de 1.7% del PIB, para lo que deben implementarse políticas "contracíclicas" para promover el crecimiento económico y los niveles de empleo y sobre todo tratar de compensar los niveles de pobreza del país. Habla que el déficit fue financiado con un incremento de la deuda pública contratada que es, para finales de 2011, un 24.9% del PIB y representa la utilización del 18.2% de los ingresos totales del Gobierno para el servicio de la deuda.

La recaudación, según la propuesta, fue de 10.5% del PIB ("sigue siendo una de las más bajas de

Latinoamérica y del mundo") y está "muy por debajo del 12.1% de 2007, año en que se impusieron las reformas conocidas como "ley antievasión".

Habla también del Agatha y otros fenómenos que destruyeron las carreteras y eso ha incrementado los costos de "transporte a los empresarios guatemaltecos, limitando la calidad de vida de la población en general".

~~Voy por la página dos y ya merece comentarios todo esto.~~

Déficit y deuda

Lo que la propuesta realmente dice para nosotros los mortales y comunes ciudadanos es que, tanto la administración de Portillo[20], Berger[21] como la de Colom[22] fueron unos irresponsables con el gasto y ahora, usted y yo, que no tenemos "vela en el entierro" la tenemos que pagar.

La historia del Derecho Tributario nos enseña que la cosa no es así. *El gobernante debe pedir permiso para gastar.* Debe existir un acuerdo sobre qué "necesidades del Estado" deben realmente ser cubiertas. Ese permiso determina que los ciudadanos le autoricen o no el gasto y luego, le autoricen o no el cobro de los tributos.

---

[20] La administración del Presidente Alfonso Portillo duró del 14 de enero del 2000, al 14 de enero de 2004.
[21] La administración del Presidente Óscar Berger duró del 14 de enero del 2004 al 14 de enero de 2008
[22] La administración del Presidente Álvaro Colom duró del 14 de enero de 2008 al 14 de enero de 2012

¿Está usted de acuerdo en el gasto realizado durante los años 2000 al 2011? Principalmente sabiendo que mucho de ese dinero paró en saber dónde.

Fenómenos Externos

El cambio climático como "justificación de impuestos" me ha parecido lo más folklórico que pudieron encontrar, pues existe un gran debate serio sobre el cambio climático en el mundo científico y cada vez son más los científicos serios que han expresado que es un fenómeno que no puede ser parado. Que es natural y por tanto, cualquier esfuerzo es vano.

Luego lo de las políticas "contracíclicas" indica que la postura keynesiana y bastante estadista. De crecimiento burocrático, mismo que fue el que creó la crisis inmobiliaria y financiera. Esto, ya sé que los "economistas mainstream" no estarán de acuerdo, pero claro, ellos viven del sistema.

¿Qué quiero decir con ese párrafo? Que no haremos más que seguir en crisis y pagando por distorsiones que nos llevarán a nuevas crisis. No es la salida.

Carga Tributaria sobre PIB

Debe reafirmar que es una tontería buscar recaudar un % del PIB. Uno de los países con mejores ingresos per cápita del mundo recauda únicamente 12% del PIB y no está comparándose con nadie. Hong Kong lo logró sin impuestos altos. Es más, solo tiene 1 impuesto. Sin control de cambios, sin restricciones aduanales... Sin justificaciones de nada y eso que no tienen ni agua potable propia.

Es ilustrativo que la reforma anterior (2006) funcionó únicamente en el año que se implementó. Luego la recaudación se cayó. ¿Qué quiere decir esto? Como la recaudación se mide en PIB, no importa el monto en dinero del PIB pues siempre se debería recaudar lo mismo en porcentaje. **Si ese porcentaje cayó, lo que quiere decir es que hay menos contribuyentes pagando tributos.** Si toda la economía se contrae en números absolutos 10%, la recaudación debería ser siempre cercano al mismo porcentaje del PIB. Pero si el porcentaje de recaudación cae, indica, claramente, que hay menos agentes pagando. Hay un PIB que representa 100 y ya no hay pagos de impuestos por 12.5%, sino sólo por 10%, porque algunos dejaron de cumplir. Dejaron de pagar.

Esto es lo que yo llamo "recaudación voluntaria". Evidentemente el PIB se compone aún de actividades que no pagan tributos (informales) y la caída en la recaudación obedece a que muchos pasaron de la formalidad a la informalidad. En otras palabras: NO ACEPTAN EL GASTO DEL GOBIERNO.

Regresamos al punto de la razón de ser del Derecho Tributario: los contribuyentes debemos aceptar el gasto para aceptar el cobro.

El cambio al ISR

La técnica legislativa es deplorable en esta propuesta, que ya cuenta con dictamen favorable de la comisión de finanzas. La propuesta incluye 7 libros, mismos que implican un par de impuestos nuevos. El gran defecto es que no considera la interacción que los impuestos "nuevos" tienen con otros tributos ya existentes. Entre que la ley la hicieron "economistas" (el término "Derecho Tributario" sí les vino del norte) y que los señores diputados no entendieron, demuestran que no solo no saben de impuestos, sino que no saben de leyes... ni modo... vamos a lo que venimos:

En cuanto a la exposición de motivos que presenta el Ministerio de Finanzas (ojo que el proyecto no lo hizo el Ministerio de Finanzas sino el famoso G40) dice que "Es moderna porque, entre otras características, contiene normas internacionales, precios de transferencia, normas de subcapitalización, conceptos de establecimiento permanente y de residente. La equidad se hace efectiva mediante la ampliación de las bases imponibles: grava ingresos que actualmente no tributan; amplía el ámbito de aplicación subjetivo: precisa con claridad los contribuyentes y los agentes de retención", sin embargo, habla que "Al mantener la deducción única de Q 48,000 anuales (mínimo vital), excluye del impuesto de la renta del trabajo en relación de dependencia a los trabajadores que devengan un salario menor a los Q 5,000 mensuales, acatando el principio constitucional de capacidad de pago."

Acá varios errores graves: En tributación muchas veces "moderno" quiere decir "nueva manera de clavar [23]". Si bien es cierto que causa muchos

---

[23] Puede interpretarse como «*nueva manera de hacer la vida más difícil*», «*nueva manera de complicar el asunto*».

problemas de aplicación el no saber cuándo se es "residente tributario" porque no tenemos el concepto y pudiera ser (hay que ver la forma en que se redactó el proyecto) que los conceptos de establecimiento permanente y de residente tributario ayuden a clarificar (no así a cobrar o pagar), los demás "modernos" conceptos son de los que me dan alergia porque causan distorsiones enormes en la operación dinámica de los mercados:

1. Subcapitalización.
2. Precios de transferencia.

El primero es normalmente un tope a la creatividad, pues castiga a quien tiene ideas pero no dinero. Evidentemente favorece a quien ya tiene dinero y a los bancos del sistema. Logran mejores condiciones de crédito quienes ya cuentan con capital, por lo que ser "emprendedor" costará más. A la larga, se beneficia el status quo.

El segundo tema es el *"orgasmo"* de los que se dedican a esto, porque ven una fuente de ingresos, bastante rayando en el fraude, para asesorar en cuánto la aplicación de esto. ¿Por qué? No se puede normar el principio de "libre negociación". Si está normado, ya no es libre. Si me dicen que no puedo vender a menos de X precio, para efectos de tributar, aún y cuando, es el precio realmente convenido, tengo una distorsión significativa. Claro que los señores están buscando recaudar, pero la recaudación debe obedecer al principio de neutralidad y los precios de transferencia es un mecanismo que los gobiernos buscan para "corregir" la distorsión que su propio sistema impositivo causó. Lo veremos más adelante.

Y por último, el más grave error acá es que una deducción única no responde, ni por asomo, al principio de capacidad de pago. Se sigue gravando a los empleados en relación de dependencia sobre lo que se denomina "rentas ficticias". ¿Cómo así? Simplemente dice que cualquier persona debe gastar para su manutención y la de su familia Q48,000. (Que valga decir que equivalen a Q4,000 mensuales, no Q5,000. Vaya que le dieron dictamen favorable después de leerla bien...) Eso viola totalmente la capacidad de pago, la justicia y equidad tributaria y el principio de igualdad en materia tributaria. Una persona casada que mantiene su hogar podrá tener un salario de Q10,000 mensuales, con lo que tendrá un monto deducible, de entrada, de Q48,000, pero mantiene económicamente a su pareja y 3 hijos. Su ingreso gravable será de Q120,000-48,000=Q72,000. Sin embargo, cada hijo cuesta Q1,000 de colegio y Q750 de alimentación mensuales (ropa, comida, entretenimiento); su pareja y los gastos del hogar alrededor de Q3,000 mensuales, que equivale a Q8,250.00. Al final tendría esta persona Q21,000 en la bolsa, no Q72,000. Con el mismo salario, un soltero que vive con sus papás y no tiene gastos, probablemente en sus "obligaciones" económico-familiares no gaste ni Q1,500 al mes. Con ello, evidentemente, su posición es que tiene Q102,000.00 en su bolsa y le cobrarán el impuesto únicamente sobre Q72,000.00

La doctrina, en este punto, ya discute la inconveniencia de este tipo de tributación "ficticia" y presiona a que se busque gravar -si se decide gravar la renta- sobre una base de "renta real". Es decir, sobre lo que "queda" una vez que se han incurrido en los gastos de una honesta y prudente administración. El sistema como está planteado, genera una total injusticia por no gravar la "capacidad de pago" y por tanto, el tributo y el sistema tributario es injusto e inequitativo. Eso ya es hoy día, pero acá se reincide. Viola los artículos 239 y 243 de la Constitución Política de la República.

El proyecto, en cuanto al ISR, también mantiene graves distorsiones al seguir siendo "cedular". ¿Qué quiere decir esto? Pues que se gravan los ingresos según se hayan originado. Si son "por trabajo", se gravan de una manera; si son "financieros", se gravan de otra manera; si son provenientes de "inversión de capital", de otra. La pregunta lógica es ¿por qué no se grava la utilidad por utilidad que es y no por "procedencia"? Los principios más básicos de conducta indican que el ser humano busca maximizar y por tanto, estoy totalmente seguro, que si tenemos diferentes regímenes para esto, tendremos "creativos" que disfrazarán una renta de trabajo como inversión de capital, si fuera más bajo o de capital como financiero, si fuera más conveniente.

Dentro del régimen de asalariados, de nuevo, se busca la eliminación del crédito por IVA pagado. Este mecanismo, quiera o no quiera aceptar el Fisco, el Ministerio y el Congreso, crea incentivos para el consumo en el mercado informal. Esto por dos razones:

1. Alrededor del 75% del mercado en Guatemala es informal;
2. No hay incentivo en reportar los gastos bajo ningún esquema por parte del trabajador.

El mecanismo de control cruzado que la planilla del IVA permitía estaba empezando a dar resultados, con lo que la recaudación de los contribuyentes que proveían facturas subiría y se mantendría controlado. La eliminación de gastos o la no inclusión (porque actualmente tampoco se permite) dentro del régimen del asalariado, nos deja con 1.4 millones de personas que hacían trabajo de fiscalización indirecta. Se supone que el Decreto 4-2012 aumenta controles por la venta "sin factura". Esos controles sólo caen sobre los contribuyentes que ya están siendo controlados. De manera que ese 1.4 Millones de personas tienen ahora una opción económica más rentable en comprar todo lo que consumen en el ya ignorado mercado negro.

CONVENIOS DE PAGO Y MULTAS

Se modificó el artículo 40 del Código Tributario a modo que los convenios de pago ahora son por 18 meses, permiten la rebaja de intereses y sanción por mora y también pueden ser formalizados para impuestos retenidos o percibidos, aunque sin rebajas.

Acá el comentario es un poco más una advertencia, pues haber dejado de pagar impuestos "retenidos" (que le toca quitarle a un pago que le hace a un proveedor) o "percibidos" (cuando usted los cobra por cuenta de SAT) es un delito. Solicitar un convenio de pago en este sentido podría ser una confesión de haber cometido el delito.

En cuanto a las multas y sanciones, muchas fueron rebajadas. Algunas otras fueron modificadas y ampliadas.

En este espacio vale la pena mencionar la nueva sanción por la no presentación ante la Administración Tributaria de los informes establecidos en las leyes tributarias. La multa va de Q5,000 a 1% de los ingresos brutos del último mes en que el contribuyente declaró ingresos. Estos informes son los que se mencionan en los artículos de información a presentar a SAT.

De la mano con el cambio al régimen del Impuesto Sobre la Renta, que obliga a retener en cualquier compra cuando uno es un contribuyente obligado a llevar contabilidad conforme la ley, está la multa de

Q1,000 por cada constancia de retención que se entregue "tarde". *¿Qué es tarde?* La constancia de retención debe ser emitida al momento de acreditamiento o pago, que será en el momento de recibir la factura, pues la ley del IVA establece que la factura se entrega al recibir los bienes (que implica registrar la cuenta por pagar, es decir, se le acredita en cuenta el monto al proveedor) y en prestación de servicios la factura se entrega al momento que se recibe el pago.

Todas las sanciones del artículo 94 podrán ser reducidas en 85% cuando el contribuyente infractor se presente voluntariamente a aceptar la comisión de la sanción y pague inmediatamente.

Importante cambio resultó en las infracciones sancionadas con el cierre temporal del establecimiento o empresa. Ahora se comete la infracción (los primeros 3 ya existían):

1. No emitir o no entregar facturas, notas de débito, notas de crédito o documentos exigidos por las leyes tributarias específicas, en la forma y plazo establecidos en las mismas.

2. Emitir facturas, notas de débito, notas de crédito u otros documentos exigidos por las leyes tributarias específicas, que no estén previamente autorizados por la Administración Tributaria.

3. Utilizar máquinas registradoras, cajas registradoras u otros sistemas no autorizados

por la Administración Tributaria, para emitir facturas u otros documentos.

4. No haber autorizado los libros contables u otros registros obligatorios establecidos en el Código de Comercio y las leyes tributarias específicas.

Ese numeral 4 implica que en una sociedad, no tener los libros de actas de concejo de administración o junta directiva, de Asamblea de accionistas o junta de socios y de registro de accionistas, hará posible a SAT cerrar el establecimiento.

La buena noticia es que se incluyó en la reforma el siguiente párrafo:

> *"A solicitud del sancionado, el juez podrá reemplazar la sanción de cierre temporal por una multa equivalente hasta el diez por ciento (10%) de los ingresos brutos obtenidos en el establecimiento sancionado durante el último período mensual. Dicha multa no podrá ser menor a diez mil Quetzales (Q.10,000.00)".*

Anteriormente este "beneficio" existía únicamente para "servicios públicos esenciales" y era el 10% de los ingresos del contribuyente, no del establecimiento. Con ello, existe una gran ventaja, ya que un contribuyente con muchos establecimientos podrá beneficiarse de esto, protegiendo su imagen y pagando únicamente por el establecimiento sancionado.

ERRORES CON CONSECUENCIAS EN LA REFORMA FISCAL (DEL DECRETO 10-2012)

El Decreto 10-2012 del Congreso de la República fue publicado el 5 de marzo de 2012. En el mismo se crea una nueva ley del Impuesto Sobre la Renta, Impuesto Específico a la Primera Matrícula de Vehículos Automotores Terrestres, la ley Aduanera Nacional, Reformas al IVA, Reformas a la ley del Impuesto sobre Circulación de Vehículos, Reformas a la ley del Impuesto de timbres fiscales y las disposiciones finales.

Aunque no era el orden previsto para esta sección, sino que debería hablar del 4-2012, me veo obligado a mencionar un par de Errores con consecuencias en este decreto. Luego regreso al 4-2012 y las reformas al Código Tributario para ponerles, al final, al tanto de la nueva ley del Impuesto Sobre la Renta.

En el Decreto 10-2012 se tiene al final el libro VII con las disposiciones finales y transitorias, la que resulta el lugar en el que se cometen 2 errores muy significativos.

El tema deviene de la forma en que las normas entran en vigencia y cómo se interpretan esos conflictos de leyes en el tiempo, como lo decimos.

Conforme al mismo Código Tributario, las leyes tributarias dictadas en diferentes tiempos entrarán en vigencia conforme las reglas contenidas en el artículo 7, entre ellas que regirán desde la fecha que en ellas se establecen. Si no se establece fecha, ocho días después de su publicación.

El artículo 181 establece que entrará en vigencia 8 días después de su publicación, salvo el ISR, que lo hará el 1 de enero de 2013, el impuesto a Primera Matrícula, que está sujeto a una aprobación de COMIECO [24] y el Impuesto sobre Circulación de Vehículos, que lo hará también el 1 de enero de 2013.

Con ello, las disposiciones finales, transitorias y derogatorias entran en vigencia el 13 de marzo de 2012. ¿Qué horrores implica esto?

El primero es que el artículo 178 reforma el literal f) del artículo 4 del Decreto 73-2008, Ley del Impuesto de Solidaridad, el cual queda así: "f) Las personas individuales o jurídicas y los demás entes o patrimonios afectos al Impuesto de Solidaridad, que paguen el Impuesto Sobre la Renta de conformidad con el Régimen Opcional Simplificado Sobre Ingresos de Actividades Lucrativas de este Impuesto."

¿Qué significa esto?

Que las personas que están en el régimen del artículo 44 del Impuesto Sobre la Renta actual (5% por actividades mercantiles) dejan de estar exentas del Impuesto de Solidaridad desde el 13 de marzo de

---

[24] El Concejo de Ministros de Integración Económica de Centroamérica

2012. Claro que hay argumentos constitucionales que dirán que a estos contribuyentes se les estaría violando su capacidad de pago y que parece "evidente" que todo proviene de un error del legislador, el texto es claro en cuanto a que expresamente lo modifica y esa modificación no está sujeta a la entrada en vigencia del nuevo ISR, cosa que el Congreso debió dejar dicho.

El segundo error está en el artículo 180 numeral 4 del Decreto 10-2012:

ARTICULO 180. Derogatorias. Se derogan:

1. El Decreto Número 26-92 del Congreso de la República, Ley del Impuesto Sobre la Renta, y sus reformas, a partir del inicio de aplicación

del Impuesto Sobre la Renta contenido en el libro I de esta Ley.

2. El Decreto Número 26-95 del Congreso de la República, Ley del Impuesto sobre Productos Financieros y sus reformas, a partir de la vigencia del Impuesto Sobre la Renta contenido en el libro I de esta Ley.

3. El numeral 8 del artículo 2 de la Ley del impuesto de Timbres Fiscales y Papel Sellado Especial para Protocolos, siempre que entre en vigencia el gravamen a la distribución de dividendos en el Impuesto Sobre la Renta, contenido en el Libro I de esta Ley.

4. El artículo 12 del Decreto Número 80-2000 del Congreso de la República.

5. Se derogan todas las disposiciones legales que se opongan a lo establecido en esta Ley.

¿Qué significa esto? Bien, el artículo 12 del Decreto 80-2000 es el que contiene la disposición por la cual no debe pagarse ISR en los intereses que se pagan a bancos extranjeros. Es la famosa norma "de primer orden". Con esto, los intereses desde el 13 de marzo de 2012 estarán gravados y deberá retenerse el 10% en ellos.

De nuevo, resulta "injusto" y "discriminatorio" y evidentemente es un error del legislador, sin embargo la única manera de corregir un error del legislador, es legislando

REFORMAS AL CÓDIGO TRIBUTARIO DEL DERCRETO 4-2012, REFORMA FISCAL DE GUATEMALA

El Código Tributario es el cuerpo legal que regula la materia tributaria en general. Contiene los principios de aplicación, interpretación e integración del mundo jurídico tributario, los procedimientos, definiciones y sanciones. Las modificaciones a este régimen pueden considerarse de vital importancia pues definen la mecánica y forma de realizar ajustes tributarios y sancionar a los contribuyentes "mafiosos". Claro que la importancia principal está en que sus normas son las que deben salvaguardar los derechos básicos de los contribuyentes.

Dicho esto, encontramos que son las reformas a las que más atención debe ponérseles, aunque usualmente el público en general se preocupa más por las tarifas que por las reglas que garantizan o violan su esfera de derecho.

Se incorporaron varias normas y reformaron otras a este cuerpo legal.

Simulación Fiscal

La primera es la incorporación del artículo 16 A, que contiene la llamada "simulación fiscal":

"Artículo 16 "A". Simulación fiscal. La Administración Tributaria formulará los ajustes que correspondan, cuando establezca que los contribuyentes, en detrimento de la recaudación tributaria:

a) Encubran el carácter jurídico del negocio que se declara, dándose la apariencia de otro de distinta naturaleza;

b) Declaren o confiesen falsamente lo que en realidad no ha pasado o se ha convenido entre ellas; o,

c) Constituyan o transmitan derechos a personas interpuestas, para mantener desconocidas a las verdaderamente interesadas.

En estos casos, la Administración Tributaria formulará los ajustes que correspondan y notificará al contribuyente o al responsable, sin perjuicio de iniciar las acciones penales, cuando corresponda."

Tiene algunas cosas importantes de comentar por lo peligroso que resulta una norma de este tipo. Si bien es cierto que otras legislaciones contemplan normas similares, debe tenerse presente que la simulación fiscal podría existir sin problema alguno, si se limita a ser una "herramienta" de la administración tributaria para realizar ajustes. Es decir, con efectos únicamente limitados a corregir posibles omisiones del contribuyente, con la necesidad plena y absoluta de demostrar que el acto es "simulado" y que "el acto que se oculta" es tal o cual.

Usualmente se deja claramente estipulado el procedimiento para "establecer" dicha simulación y los efectos que tendrá. Acá, la norma simplemente indica que la Administración Tributaria formulará los ajustes cuando "establezca" que los contribuyentes "en detrimento" de la recaudación cometen alguno de los 3 tipos de simulación que establece el artículo y "...formulará los ajustes que correspondan y notificará al contribuyente...sin perjuicio de iniciar las acciones penales, cuando corresponda".

Vemos que hay 2 situaciones a las que debemos ponerle atención:

1. ¿Cómo establece la administración tributaria que hubo simulación?
2. ¿Cuándo corresponde iniciar acciones penales?

En situaciones similares, otras legislaciones claramente establecen que deberá establecer dichas situaciones de simulación por medio de los procedimientos de determinación o procedimientos especiales administrativos. Siempre sujetos a control de los tribunales de lo contencioso administrativo. Acá la redacción no indica cómo, por lo que deberíamos empezar a ver cómo quedó, en su conjunto, el "nuevo" Código Tributario para hacer las conjeturas del caso. Todo parece indicar que será una norma que "se salta" el control de los tribunales que la Constitución crea como obligatorio.

Siempre causa temor que estas herramientas sean mal utilizadas, principalmente cuando se parcha un cuerpo legal como el Código Tributario. Por dicha, fue declarada inconstitucional y expulsada del Código Tributario, pero es bueno mantener la reflexión.

Junto a esta modificación, también se modificó el artículo 90, mismo que tiene ahora el siguiente texto: "Si de la investigación que se realice, aparecen indicios de la comisión de un delito o de una falta contemplados en la legislación penal, la Administración Tributaria se abstendrá de imponer sanción alguna y procederá a hacerlo del conocimiento de la autoridad competente, sin perjuicio de recibir el pago del adeudo tributario y ello no libera al contribuyente de la responsabilidad penal. La Administración Tributaria en ningún caso sancionará dos veces la misma infracción", con lo que "pegan" ambos artículos para que la conjetura inicial sea que cualquier indicio "establecido" por la propia SAT dará lugar a la "obligatoria" denuncia y con ello, se convierta en una "pistola a la sien" del contribuyente, más que herramienta de ajuste.

Informes de terceros

Recurrente reforma es la del artículo 30 que contiene la información que SAT puede requerir. Lo que llama la atención es que reitera la obligación de proporcionar información sobre terceros, cuando sea: "...sobre actos, contratos, actividades mercantiles, profesionales o de cualquier otra naturaleza, con terceros, que sea requerida a efecto de verificar la determinación o generación de tributos, dejando a salvo los datos protegidos por la Constitución Política de la República de Guatemala y leyes especiales." Agrega que "... la Administración Tributaria..." podrá, por medio de un aviso a los contribuyentes o terceros "...que deben informar de sus actividades afectas generadoras de tributos, exentas o efectuadas con terceros, en forma electrónica, con determinada periodicidad, facilitando para el efecto los medios, formatos, contenidos u otros elementos que contendrán la información que se le solicite."

Se complementa con el nuevo artículo 30 B que la Administración Tributaria podrá, a su costa, instalar dispositivos de control o sistemas que le permitan obtener información sobre la producción, importación, distribución, compraventa, transporte o comercialización de bienes o servicios, y sobre la operación de tráfico de telecomunicaciones, directamente dentro de los sistemas o mecanismos de control del contribuyente, tales como sistemas del tráfico de telecomunicaciones, de producción, o fabricación, envasado, llenado, vaciado, o transporte de bienes y servicios de los productores, importadores o distribuidores de bienes o servicios.

Esto quiere decir que SAT podrá "ver on-line" sus transacciones directamente y con ello podrá ajustar al contribuyente "observado" y a terceros. Se cierra el círculo con el artículo 125 A que se agregó, mismo que se refiere a documentos de prueba y certificaciones de la propia Administración Tributaria:

"Artículo 125 "A". Conservación y certificación de documentos recibidos por la Administración Tributaria. La Administración Tributaria está facultada para que los documentos, registros, informaciones o archivos que reciba, se digitalicen, guarden, almacenen e integren en sistemas informáticos, electrónicos u otros similares, que garanticen su conservación, su fiel reproducción y faciliten la gestión administrativa, sin perjuicio de lo previsto en el artículo 24 de la Constitución Política de la República de Guatemala.

La certificación de la documentación que obre en la Administración Tributaria en sistemas informáticos, digitalizados, electrónicos, mecánicos u otros similares, que emita funcionario competente para ello, serán admisibles como medios de prueba en toda actuación administrativa o judicial y tendrán plena validez y valor probatorio."

La última frase "...serán admisibles como medios de prueba en toda actuación administrativa o judicial y tendrán plena validez y valor probatorio" refiriéndose a las certificaciones emitidas por la propia Administración Tributaria nos dan alguna luz que podría indicar que desde un procedimiento interno y de confrontación de datos y documentos, el funcionario a cargo de la "investigación" -sin participación aún del contribuyente- emitirá la certificación con su propia interpretación y dirá que "hay simulación en virtud de los medios probatorios que tuvo a la vista" y eso, por virtud de ley, será un documento con plena validez y valor probatorio, tanto en el procedimiento administrativo o judicial. En palabras simples: ya estableció con total valor de verdad que usted cometió "simulación", aunque nunca le haya informado. Es hasta este momento que le notificará y dará audiencia, pero puede, a su vez, iniciar el proceso penal en su contra, pues el delito se tipifica con "simulación + detrimento en la recaudación", elementos que él ya certificó con "pleno valor probatorio" para el mismo juez penal.

Muy peligroso. Como la figura penal indica esos elementos para que haya delito de defraudación tributaria, vea lo que el artículo 90 del Código Tributario le obliga al funcionario de la Administración Tributaria:

"Artículo 90. Prohibición de doble pena -Non bis in ídem-. Si de la investigación que se realice, aparecen indicios de la comisión de un delito o de una falta contemplados en la legislación penal, la Administración Tributaria se abstendrá de imponer sanción alguna y procederá a hacerlo del conocimiento de la autoridad competente, sin perjuicio de recibir el pago del adeudo tributario y ello no libera al contribuyente de la responsabilidad penal. La Administración Tributaria en ningún caso sancionará dos veces la misma infracción."

De tal manera que se cierra el círculo "indicio de la comisión del delito" que se prueba con la certificación interna, que obliga, a su vez, al funcionario a interponer la denuncia so pena de cometer él el delito de omisión de denuncia y permite a su vez que se cobre el tributo.

Ya hemos tenido la experiencia, aún sin la reforma, de casos en los que SAT inició directamente acciones penales, cuando encontró simples descuadres que pudieron ser sujetas de un procedimiento administrativo.

DECRETO 4-2012 (REFORMAS FISCALES, PRIMER DECRETO) ISR E IVA.

Entre tanto tratar de obtener la propuesta que en los medios se manejó como "la reforma fiscal del gobierno", nos jugaron la vuelta y pasó la que ahora es el Decreto 4-2012 del Congreso de la República, "Disposiciones para el Fortalecimiento del Sistema Tributario y el Combate a la Defraudación y al Contrabando". Está vigente desde el 25 de febrero de 2012, salvo las cosas que por disposiciones superiores no pueden entrar en vigencia en esa fecha.

Esta normativa modifica Impuesto Sobre la Renta, Impuesto al Valor Agregado, a la ley "FAT", (Disposiciones legales para el fortalecimiento de la Administración Tributaria), Impuesto sobre Circulación de Vehículos Terrestres, Marítimos y Aéreos y Código Tributario.

Hay que considerar ahora que también hubo una siguiente reforma muy cercana contenida en el decreto 10-2012 (que se publicó hoy, 5 de marzo de 2012) que dejó sin efecto algunas reformas del 4-2012.

ISR.

Vamos con las del ISR. En el impuesto sobre la renta, la modificación que "más temor" podría causar es la que se refiere a los costos y gastos deducibles. Esos son los costos y gastos que pueden restarse de los ingresos para determinar el monto sobre el cuál se pagará el impuesto. Así que hay 2 artículos que se refieren a eso.

1. El artículo 2 que modifica el inciso b) del artículo 37 de la ley del Impuesto Sobre la Renta en cuanto a qué tipo de "planes de previsión social o de jubilación" serán "deducibles".

2. El artículo 3 que modifica el artículo 39 de la ley del Impuesto Sobre la Renta completo.

En estos 2 casos, dado que son para períodos anuales, no entraron en vigencia, salvo para contribuyentes que iniciaron operaciones cuando ya estaba en vigencia el 4-2012 y antes de la entrada en vigencia del 10-2012. ¿Por qué? Simplemente porque la posición jurídica de los contribuyentes se constituye el 1 de enero de cada año y estas modificaciones harían que se violara dicha posición jurídica ya constituida. Esto está en el artículo 7 del Código Tributario, mismo que regula cuando entran en vigencia las reformas a leyes tributarias. No es "derechos adquiridos" que es un concepto jurídico mucho más cerrado. La posición jurídica constituida es más "blanda" y evita cabalmente esto: que un contribuyente tenga una idea de cómo le afectarán las leyes tributarias en el período que ya inició.

Sí entran en vigencia 2 grupos de cambios.

1. ISR en facturas especiales. Que están vigentes desde el 25 de febrero. Allí no hay período impositivo que se afecte, por lo que puede aplicarse

inmediatamente sin afectar derechos adquiridos ni posición jurídica constituida. Menos aún hay período impositivo "siguiente".

2. La eliminación del pago directo como opción en el régimen del 5%, artículo 44, que siempre será, ahora, por retención. Adicionalmente se sanciona (Código Tributario) con no realizar la retención en el tiempo específico y no entregar dicha constancia al que paga. Retener es que cuando le pago a un proveedor, me quedo con el monto que le toca a él pagar y soy yo quien le entrega a SAT el impuesto de mi proveedor.

IVA.

En cuanto a la ley del IVA lo importante y de afectación general es la adición del artículo 14 A que establece que si un contribuyente reporta en su facturación precio de ventas promedios menores al costo de adquisición o producción, en un plazo de 3 meses, será SAT la que determinará la base del "débito fiscal". Débito fiscal es la totalidad del impuesto que cobro en mis ventas. Dicho precio promedio será con base en el mismo u otros contribuyentes.

Me parece una facultad muy peligrosa, pues para realizar el ajuste SAT debería, necesariamente, revelar quiénes son y a cuánto facturan los "otros contribuyentes" y eso podría ser contrario a la Constitución o bien podría violar leyes de propiedad intelectual.

Se modifica el artículo 18 en cuanto a la documentación del crédito fiscal. Crédito fiscal es la totalidad del IVA que pagué cuando compré bienes y servicios, por el cual tengo derecho a compensar contra los créditos. Si bien no toda compra da crédito, le toca a la ley regular cuáles compras sí o no dan dicho derecho. Ahora el artículo reformado agrega la facturación electrónica, aunque en ningún lugar en la ley se obliga a los contribuyentes a emitir facturas electrónicamente. De allí que solo puede "sugerirse" por la Administración Tributaria a que se haga. No se puede obligar.

Importantes resultan los cambios al régimen del Pequeño Contribuyente del IVA. Este régimen suponía, en la redacción original, ser un régimen simplificado para incluir en él a los micro, pequeños y algunos medianos empresarios. Era un régimen para quien vendía menos de Q60,000 al año. Ahora, positivamente, se amplía a Q150,000 anuales de ventas.

Lo malo, sin embargo, está en toda la regulación del régimen. Si bien ahora todos pueden pagar 5% sobre el total de sus ventas, sus ventas no generan "crédito IVA" a los compradores, con lo que la factura es 100% costo. Esto pone a los pequeños contribuyentes en desventaja frente a otros proveedores con quienes podrán tener los mismos precios de ventas, pero en el caso de contribuyentes normales, serán 12% más caros, pues de las facturas de ellos no se puede compensar contra las ventas del cliente mientras que en un contribuyente normal, sí. Esto es un incentivo perversamente incluido para sacar a los pequeños contribuyentes del régimen y encarecer su operación. Creo que tendrá efectos negativos.

Se establece en la ley del IVA la obligación de la emisión de la factura especial. El caso en particular es (artículo 52 A) para la compra de artículos para exportación, en cuyo caso el comprador emitirá, salvo que sea un productor autorizado por SAT para vender a exportadores, la referida factura especial. Dicha factura está sujeta a la retención del IVA como lo tiene actualmente la ley FAT, pero se agregó ahora -ver arriba- la obligación de retener ISR. Dicha tarifa del ISR puede ser superior al impuesto que uno de estos productores debería pagar, pues ahora se le retendría el 5% en caso de bienes y el 6% en caso de servicios. ¿Y si es alguien que paga 31% sobre una utilidad del 2%? Está complicado la aplicación de esta norma.

Establece algunos otros artículos novedosos. Para efectos de este artículo, será interesante que ahora, si usted vende un carro, podrá dar el aviso de venta cuando el comprador no lo haga. Con ello, se podrá evitar "malas noticias" en el futuro.

LA FALLIDA REFORMA TRIBUTARIA... INCONSTITUCIONAL UNA PARTE, SIN EFECTO OTRA...

El 26 de diciembre de 2012 se publicó en el Diario Oficial la sentencia de inconstitucionalidad de algunos preceptos incluidos en el decreto 4-2012.

El primer comentario que salta a la luz de la sentencia es que **EL CONGRESO NI SE ENTERÓ QUE LE CORRIERON AUDIENCIA POR EL DECRETO 4-2012 Y EVACUÓ LA AUDIENCIA CON ARGUMENTOS RESPECTO AL 10-2012**. Así de bien saben los legisladores lo que hacen.

Se declaró inconstitucional la limitante que se estableció para los empleados en relación de dependencia sobre la deducción de los planes de pensión privados. Es así que los aportes a planes de pensión SON deducibles tal como lo eran antes del decreto 4-2012. Buena noticia para los empleados. Ningún empleado, por tanto, deberá obedecer el párrafo que dice: "Los planes de previsión social de capitalización individual a que se refiere esta literal, deberán corresponder expresamente a planes de previsión para jubilación y contar con la debida autorización de la autoridad competente, para funcionar como tales."

El otro artículo que tuvo un final "positivo" para los contribuyentes es la llamada reserva interpretativa que hace la Corte de Constitucionalidad sobre el artículo 3 del 4-2012, que modifica los costos y gastos no deducibles.

La Corte no entra al argumento verdaderamente interesante de la Posición Jurídica Constituida, pero lo hace tangencialmente hablando de la seguridad y que la modificación de los costos y gastos no deducibles no puede ser aplicable a los contribuyentes que ya estaban operando antes del 25 de febrero de 2012 sino que únicamente aplicará a quienes se inscribieron en SAT a partir del 25 de febrero de 2012.

Literalmente la Corte dice: "...si dejar la reserva interpretativa de que, en cuanto a los contribuyentes que estuvieran inscritos antes del veinticuatro de febrero de dos mil doce, dentro del régimen especial contenido en el artículo 72 de la Ley del Impuesto Sobre la Renta, al momento de la liquidación respectiva del período impositivo correspondiente del uno de enero al treinta y uno de diciembre de dos mil doce, la cual, formalmente deben presentar dentro de los meses de enero a marzo del año dos mil trece, determinarán el pago del impuesto sobre la renta que les corresponde, conforme a su renta imponible que resulte de la depuración de su renta bruta, de acuerdo a las deducciones establecidas en el artículo 39 de la Ley del Impuesto Sobre la Renta (Decreto 26-92 del Congreso de la República), sin tomar en cuenta la reforma dispuesta en el artículo 3 referido."

Lo anterior quiere decir que lo que pretendían tanto el Congreso, SAT y el Ministerio de Finanzas, que era ya de por sí una movida bastante absurda (léase "tonta y de ignorantes", pero como lo leen menores de edad no lo pongo así), es aplicable, como dijimos los que entendemos de Derecho Tributario, solo para contribuyentes que se inscribieran con posterioridad al 24 de febrero de 2012.

Lo que no es aplicable es:

ARTICULO 3.

Se reforma el artículo 39, el cual queda así:

> "**Artículo 39. Costos y gastos no deducibles.** Las personas, entes y patrimonios a que se refiere el artículo anterior, no podrán deducir de su renta bruta los costos y gastos siguientes:
>
> a) Los que no hayan tenido su origen en el negocio, actividad u operación que genera renta gravada.
>
> En particular, los gastos financieros incurridos por la obtención de recursos utilizados para la realización de inversiones financieras en actividades de fomento de vivienda, mediante cédulas hipotecarias, en tanto dichos títulos de crédito estén exentos de impuestos por mandato legal.
>
> Los contribuyentes no deben deducir los costos y gastos directos en que se incurra para producir las rentas exentas o no afectas; para ello, deben registrarlos en cuentas separadas,

a fin de deducir sólo los que se refieren a operaciones gravadas. Si no se llevan cuentas separadas, se calculan los costos y gastos en forma directamente proporcional al total de gastos directos entre el total de rentas gravadas, exentas y no afectas.

b) Los que el titular de la deducción no haya cumplido con la obligación de retener y pagar el Impuesto Sobre la Renta, cuando corresponda. Serán deducibles una vez se haya enterado la retención.

c) Los no respaldados por la documentación legal correspondiente. Se entiende por documentación legal la exigida por la Ley del Impuesto al Valor Agregado, la Ley del Impuesto de Timbres Fiscales y Papel Sellado Especial para Protocolos y otras disposiciones legales tributarias y aduaneras, para efectos de comprobar los actos y contratos afectos a dichos impuestos. Lo anterior, salvo cuando por disposición legal la deducción pueda acreditarse por medio de partida contable.

d) Los que no correspondan al período anual de imposición que se liquida, salvo los regímenes especiales que la presente Ley permite.

e) Los sueldos, salarios y prestaciones laborales, que no sean acreditados con la copia de la planilla de las contribuciones a la seguridad social presentada al Instituto

Guatemalteco de Seguridad Social, cuando proceda.

f) Los respaldados con factura emitida en el exterior en la importación de bienes, que no sean soportados con declaraciones aduaneras de importación y su recibo autorizado de pago; a excepción de los servicios que deberán sustentarse con el comprobante de pago al exterior.

g) Los consistentes en bonificaciones con base en las utilidades o las participaciones de utilidades que se otorguen a los miembros de las juntas o concejos de administración, gerentes o ejecutivos de personas jurídicas.

h) Los de erogaciones que representen una retribución del capital social o patrimonio aportado. En particular, toda suma entregada por participaciones sociales, dividendos, pagados o acreditados en efectivo o en especie a socios o accionistas; las sumas pagadas o acreditadas en efectivo o en especie por los fiduciarios a los fideicomisarios; así como las sumas que abonen o paguen las comunidades de bienes o de patrimonios a sus integrantes, por concepto de retiros, dividendos a cuenta de utilidades o retorno de capital.

i) Los de intereses pagados que excedan al valor de multiplicar la tasa de interés por un monto de tres veces el activo neto total promedio que resulte de la información presentada por el contribuyente en sus declaraciones juradas anuales. Para efectos de la presente literal se entiende como activo neto total promedio, la suma del activo neto total del cierre del año anterior con la del activo neto total del cierre del año actual, ambos valores presentados en la declaración jurada anual del Impuesto Sobre la Renta y anexos de cada período de liquidación definitiva, divididos entre dos. El activo neto total corresponde al valor en libros de todos los bienes que sean efectivamente de la propiedad del contribuyente. La limitación prevista en este inciso no será de aplicación a entidades bancarias y sociedades financieras sujetas a la vigilancia e inspección de la Superintendencia de Bancos.

j) Las sumas retiradas en efectivo y el valor de los bienes utilizados o consumidos por cualquier concepto por el propietario, sus familiares, socios y administradores, así como los créditos que abonen en cuenta o remesen a las casas matrices, sus sucursales, agencias o subsidiarias.

k) Los provenientes de cuentas incobrables, cuando se trate de contribuyentes que operen sus registros bajo el método contable de lo percibido.

l) Los de mantenimiento en inversiones de carácter de recreo personal. Cuando estas inversiones estén incluidas en el activo, junto con el de otras actividades que generen rentas gravadas, se llevarán cuentas separadas para los fines de determinar los resultados de una y otra clase de inversiones.

m) Los de mejoras permanentes realizadas a los bienes del activo fijo, y en general, todas aquellas erogaciones por mejoras capitalizables que prolonguen la vida útil de dichos bienes o incrementen su capacidad de producción.

n) Las pérdidas cambiarias originadas en la adquisición de moneda extranjera para operaciones con el exterior, efectuadas por las sucursales, subsidiarias o agencias con su casa matriz o viceversa.

o) Las primas por seguro dotal o por cualquier otro tipo de seguro que genere reintegro, rescate o reembolso de cualquier naturaleza al beneficiario o a quien contrate el seguro.

p) Los incurridos y las depreciaciones de bienes utilizados indistintamente en el ejercicio de la profesión y en el uso particular, sólo podrá deducirse la proporción que corresponda a la obtención de rentas gravadas. Cuando no se pueda comprobar la proporción de tal deducción, sólo se considerará deducible, salvo prueba en contrario, el cincuenta por ciento (50%) del total de dichos gastos y depreciaciones.

q) El monto de las depreciaciones en bienes inmuebles, cuyo valor base exceda del que conste en la Matrícula Fiscal o en Catastro Municipal. Esta restricción no será aplicable a los contribuyentes que realicen mejoras permanentes o edificaciones a bienes inmuebles que no son de su propiedad, ni a los propietarios de bienes inmuebles que realicen mejoras que no constituyan edificaciones, siempre que dichas mejoras no requieran, conforme a las regulaciones vigentes, de licencia municipal de construcción.

En el caso de las depreciaciones que se han venido aplicando antes del inicio de la aplicación de esta Ley, y que exceden el valor base, el contribuyente podrá continuar con la depreciación de los mismos como gasto deducible, únicamente si demuestra la inversión efectivamente realizada en los inmuebles.

r) El monto de las donaciones realizadas a organizaciones no gubernamentales, asociaciones y fundaciones no lucrativas, de asistencia, servicio social, iglesias y entidades de carácter religioso, que no cuenten con la solvencia fiscal del período al que corresponde el gasto, emitida por la Administración Tributaria.

s) El monto de costos y gastos del período de liquidación que exceda al noventa y siete por ciento (97%) del total de la renta bruta. Este monto excedente podrá ser trasladado exclusivamente al período fiscal siguiente, para efectos de su deducción.

La disposición del primer párrafo de esta literal no es aplicable a los contribuyentes que tuvieren pérdidas fiscales durante dos (2) períodos de liquidación definitiva anual consecutivos o que tengan un margen bruto inferior al cuatro por ciento (4%) del total de sus ingresos gravados. Para el efecto, los contribuyentes deberán presentar informe, previo a que venza la presentación de la declaración jurada anual y los anexos a que hace referencia el artículo 54 de la presente Ley, por medio de declaración jurada prestada ante notario, acompañando los estados financieros auditados y medios de prueba documental que acrediten tales extremos.

Para efectos de la aplicación del párrafo anterior, se entiende como margen bruto a la sumatoria del total de ingresos por servicios prestados más la diferencia entre el total de ventas y su respectivo costo de ventas.

La Administración Tributaria puede realizar las verificaciones para comprobar la veracidad de lo declarado y documentación acompañada."

Según, entonces, la sentencia del expediente 2836 - 2012 de la Corte de Constitucionalidad las modificaciones de este artículo al impuesto sobre la renta solo aplican para los contribuyentes inscritos a partir del 25 de febrero del año 2012.

Otros fueron impugnados, declarados sin lugar, que era de esperarse, pues corresponden a normas que no chocan directamente con normas constitucionales "dogmáticas" y por tanto, es más difícil hacer el argumento.

Ahora bien, me sorprende que la Corte declare sin lugar el artículo 7 del 4-2012, pues crea una arbitrariedad enorme. ¿Cómo es posible que mis precios de venta en el IVA dependan del precio de la competencia? Ni modo. Así que, salvo nuevo planteamiento, el artículo 7 sigue vigente. Se lo copio para que se asuste:

ARTICULO 7.

Se adiciona el artículo 14 "A", el cual queda así:

"**Artículo 14 "A". Base del débito fiscal.** Para efectos tributarios, la base de cálculo del débito fiscal es el precio de venta del bien o prestación de servicios, ya incluidos los descuentos concedidos.

En el caso que un contribuyente, en un plazo de 3 meses, reporte en su facturación precios de ventas promedios menores al costo de adquisición o producción de bienes, la Administración Tributaria podrá determinar la base de cálculo del débito fiscal, tomando en consideración el precio de venta del mismo producto en otras operaciones del mismo contribuyente u otros contribuyentes dentro del mismo plazo, salvo que el contribuyente justifique y demuestre las razones por las cuales se produjo esa situación y presente información bancaria y financiera que acredite sus ingresos reales.

En los servicios de espectáculos públicos, teatro y similares, los contribuyentes deben emitir la factura correspondiente y el precio del espectáculo consignado en la misma no debe ser inferior al costo del espectáculo para el público, de acuerdo con el precio de cada localidad del evento."

Los dejo así con el regalo que la Corte nos dio.

OTROS ASPECTOS DE LA LLAMADA REFORMA TRIBUTARIA

¿Finalidad de un Gobierno?

Allí hay otro problema en cuanto a la Reforma Tributaria. Evidentemente no todo puede ser hecho por el gobierno. Hay acciones para las que no está hecho y acciones que principalmente le corresponden.

¿Sabemos cuáles son cuáles? He allí un primer gran problema que la reforma no trató. La misma se hace con una programación de gasto que es más una lista navideña a Santa Claus que un programa que responda a acciones de gobierno.

Mucho del gasto no representará mejora de condiciones para los ciudadanos. Es más, mucho del gasto, por el simple hecho que el gobierno anuncie que lo hará, causará falsas expectativas y eso, a su vez, mayores conflictos sociales.

Coincidimos que tenemos problemas tan graves como la seguridad. Aunque la violencia haya disminuido, cuando vemos cifras de muertos, no necesariamente vemos que las causas de dicha violencia están siendo atacadas. Un conflicto de tránsito termina en una persona muerta. Un robo de mercadería resulta en competencia desleal y extorsión de la propia policía. Un incumplimiento de un proveedor puede llevar a la tumba a alguien.

¿Qué es lo que sucede? No hay mitigación de conflictos pequeños. Los tribunales son inservibles para la gran mayoría de los conflictos y las instituciones públicas de "seguridad" ven únicamente la justicia penal, de alto impacto, como importante. Es la justicia "de paz", es decir, la civil y mercantil de ínfima cuantía la que evitará violencia. Es la válvula que hará que la conflictividad se reduzca. Menor conflictividad, mayor posibilidad de crear un ambiente de paz.

La correlación es difícil de hacer, pues los medios se enfocan en los resultados de la justicia penal. Se enfocan en las estadísticas de fallecidos por actos violentos. Las historias detrás deben ser más ilustrativas para encontrar el problema. Así que no hay ideas ni propuestas para mejorar la justicia de paz.

A eso le sumamos la cantidad de "tareas" que le asignamos al Estado. Tareas que pasan de lo noble al saqueo. De lo virtuoso al robo. De lo deseable a la exigencia. Esas tareas se le asignan en esa lista de navidad por lo que el problema tributario se convierte en un problema de caja fiscal.

La historia demuestra que por allí empiezan grandes revoluciones. Demuestra que la gente llega a explotar cuando ve que su dinero, su esfuerzo, se utiliza en cosas por las que no encuentra justificativo real alguno. El uso opaco de los recursos, los fines dudosos y hasta los fines redistributivos causarán conflicto. La sociedad, los pagadores de tributos, estará sometida a una presión enorme, que llegará a reventar.

Toda la idea tras el pacto fiscal era hacer más transparente el gasto. Colocar mejor los recursos. Sigue sin suceder. Los operadores políticos siguen viendo el problema del lado de lo que aspiran: su puesto de gobierno. Allí el problema está en que a mayor transparencia y mejor alocación de los recursos, menos posibilidad de saqueo. Dicho problema es de fondo. Se evade. Se escucha siempre la misma canción de "pero la gente no paga y sin recursos no se puede hacer nada". Se paga más que hace 10 años. El gasto es más opaco y menos efectivo que hace 10 años. Algunas excepciones, por épocas. La alfabetización había ya iniciado y el gobierno de UNE cancela las escuelas modelo en las que no había acceso a los recursos por los funcionarios. ¿Se vale?

La proveeduría de servicios y bienes al estado está, hoy día, en tela de juicio y abiertamente los interesados en los jugosos contratos se pelean por la cuota. Ninguno propone mecanismos en los que no hay probabilidad de manejar precios o comisiones. ¿Se vale?

El sistema de justicia está tomado, sin que se pueda encontrar una salida. La normativa procesal es la que lo provoca. Acá se extorsiona a todo nivel si se clama justicia, pues la justicia está cerrada a tecnicismos que permiten a sus operadores jugar con ella y el bolsillo de los interesados. ¿Se vale?

Por supuesto que si simplifico el problema a "el Estado se quedará sin poder cubrir sus pagos", la pelota está de nuestro lado. De usted y yo que pagamos.

Veamos casos interesantes. Se dice que pagamos muy poco. La primera pregunta es "¿Comparado con quién?" La segunda pregunta debe ser: "¿Para qué queremos pagar más?" y la tercera pregunta es "¿Quiénes pagan en Guatemala?"

Hong Kong tiene un impuesto único con tarifa de 15 y 16%. Recauda lo mismo que nosotros. ¿La diferencia? Paga la mayoría de la población. Acá, el seguro social, el ISR, el IVA, circulación, vehículos, importación, timbres, IUSI, etc. se pagan por unos pocos y no logramos recaudar más allá del 12% del PIB. ¿Por qué? Alrededor del 70% de la población no paga. Es informal. Pero lo más interesante es que no tenemos 70% de pobres. El 40% de la población aproximadamente es del 10% más rico del país. Algo no cuadra en las matemáticas.

No cuadra porque el costo de la formalidad es invisible y mucho más caro. El costo de cumplimiento fiscal también lo es. De tal forma que es más rentable ser informal. Al tener un sistema así, las reformas planteadas, que aumentan costos de cumplimiento, tanto fiscal como comercial, son porras al sector informal.

Debemos replantear el rumbo. Los fundamentos.

¿FUNCIONÓ LA REFORMA TRIBUTARIA?

Ya he dicho que la reforma tributaria contenida en los decretos 4-2012 y 10-2012 era, para no ser tan dramático, una **soberana estupidez.**

Pues mi afirmación se basa en 2 premisas:

> 1. Las leyes tributarias no se pueden diseñar sobre metas de recaudación macro, sino que debe siempre atenderse a los efectos micro, es decir, en el contribuyente de a pie. Principalmente el marginal. (Me extraña que hayan dicho que economistas hicieron el mamarracho de marras, pues esto es análisis básico).

> 2. Las normas tributarias, desde hace más de 1000 años, son, y no puede ser de otra manera, únicamente para limitar el poder del Estado sobre el individuo. Ya los judíos despreciaban a los Romanos porque los "sometían", que aunque eran formalmente "ciudadanos romanos", los judíos eran sometidos por el pago del tributo al César... Historias de estas, muchas más.

De esas 2 premisas, concluía el año pasado, que ambos decretos habían logrado conjugar la mayor cantidad de errores, tanto de diseño, como de redacción. No se consideró el costo creciente en el contribuyente. Es decir, que ahora, la legislación es más cara de cumplir. Cara en tiempo, controles, trámites y efecto de la incertidumbre por discrecionalidad. Además, eleva en sí misma, el costo del Estado, es decir, el precio, los tributos a pagar.

Por otro lado, inclinaba la balanza totalmente a favor de la SAT. Ninguna modificación presenta ventaja, salvo la multa en lugar del cierre de establecimiento. Fuera de ello, todo es hacer más "poderosa" a SAT y menos significante al contribuyente, es decir, a usted o a mí.

Mi predicción: menos formalidad. Menos formalidad es igual a menos recaudación. A menos personas dispuestas a pagar impuestos.

¿DE QUIÉN ES LA CULPA?

Muchas personas me han preguntado, ¿Quién redactó la dichosa reforma tributaria?

Mi honesta respuesta es "no me consta".

Lo que me consta es que está mal hecha. Lo que me consta es que son 2 decretos del Congreso... lo que me consta es que, al final, lo hizo el Congreso.

Veamos que a mí se me puede ocurrir el mamarracho más desgraciado del mundo y lo logro meter de proyecto de ley. Es Congreso tiene que votar para que sea decreto.

¿Qué pasó? He allí el detalle. Nunca debió pasar al Congreso, sí... nunca. Pasó. Nunca debió tener dictamen favorable, claro, ¡nunca! Nunca debió ser aprobado como decreto, por supuesto, ¡nunca! Y luego, pudo ser vetado por el Presidente, ¡claro!

Así que vea que el culpable final no es el que hace el mamarracho, sino el que levanta su manita o pone su firma.

Necesita nombres, pues busque las publicaciones de prensa y comunicados del ahora infame G-40. Ellos "apoyaron" la aprobación de todo esto. Por allí al rato le suenan nombres de los redactores. Luego busque en el Congreso quiénes firmaron el "dictamen" y busque qué diputados lo aprobaron y, siga la cadena...

Seguramente que no es fácil hacer leyes, pero vea que en el año 91 hubo una reforma integral, se hacen Código Tributario y leyes del ISR e IVA. Estudiadas con principios en mente. De allí para acá, las modificaciones han sido con el único espíritu y fin de impedir el desarrollo integral de los contribuyentes... Que a la fecha, somos usted y yo.

¿HOYO FISCAL?

Tristemente estamos en un país en las que los funcionarios se lavan las manos de sus propios errores y lo tratan de trasladar al ciudadano.

Así el caso de las declaraciones sobre el "hoyo fiscal" que habrá "ahora", gracias a las acciones de inconstitucionalidad planteadas contra la reforma tributaria. 900 y pico de millones de "faltante".

Veamos primero que en el año 2012 ~~pasado~~ se aprobó un presupuesto que tenía un plan de gastos Q66 millones 985 mil, aprobado por el Legislativo el pasado 23 de octubre de urgencia nacional con el voto de 105 de 158 diputados. Eso era, ya, Q7 mil 430 millones más que el presupuesto 2012. Sin embargo, contempló ingresos tributarios por Q50 mil 375 millones. El resto vendría financiado por deuda.

Desde ese año se le hizo ver al gobierno, por distintos medios, columnas de opinión, entrevistas a profesionales de la tributación, conferencias, reuniones y mesas técnicas, que la tan mentada "Reforma Tributaria" estaba tan mal estructurada, que causaría que mucha gente migrara de la formalidad a la informalidad y los ataques directos a incentivos de la clase media para pagar tributos haría que la recaudación en general descendiera. Predicción cumplida.

Los 900 y tantos millones no son causa de las acciones de inconstitucionalidad, sino del descalabro en el manejo de las finanzas y la legislación tributaria "atropellante" que se aprobó, precipitadamente, en febrero y marzo del año pasado.

1. Se suspende la simulación fiscal: esto repercute en las facultades fiscalizadoras "penales", porque la simulación con carácter civil siempre ha estado disponible para SAT. Otra cosa es que no la sepan usar.

2. Se suspende la solvencia fiscal: que no es más que un certificado de estar al día. Claro, las declaraciones de ciertos funcionarios de SAT dejan ver que la intención es coaccionar al contribuyente para que pague lo que no debe, pero no afecta las determinaciones tributarias legales de los contribuyentes.

3. Cierre preventivo de establecimiento: esta medida no aumenta la recaudación. Cerrar un establecimiento baja la recaudación. La idea es que se cierre preventivamente a los informales. Ellos, de por sí, ya no tributan. El cierre sancionatorio, sigue vigente.

4. Suspende la Corte dos artículos, 5 ISR y 16 "A" IVA, que son facultades para fiscalizar, no para cobrar.

5. Ganancia de Capital por revaluación de activos: acá el caso es que resultaba especulativo y el verdadero efecto de colocar el impuesto es que nadie revalúa y por miedo a lavado de dinero, nadie vende. ¿Qué se logra? No hay sector inmobiliario activo.

Se ve pues que no es cierto que las impugnaciones bajaron la recaudación. Las leyes nuevas bajaron la recaudación al colocar incentivos negativos para el contribuyente formal.

¿AYUDARÁN LAS REFORMAS A LA LEY ORGÁNICA DE LA SAT?

Creo que hay un par de cosas positivas y otras que serán la causa de muchos arrepentimientos futuros.

Considero que pudo tratarse de mejor manera y no de la forma que se hizo, principalmente en cuanto a la integración del Directorio.

I. Hay que abordar el tema desde una perspectiva **de los principios "filosóficos", si se quiere, de lo que las reformas buscan lograr**.

El Decreto 13-2013 del Congreso incluye estas reformas a partir del artículo 70.

El artículo 70 incorpora algunas cosas interesantes:

1. SAT deberá **participar en la elaboración del anteproyecto del presupuesto de ingresos**, en cuanto a la definición de las metas de recaudación.

2. Participar en **la política de combate al contrabando y defraudación aduanera y tributaria**. Para ello, dice el decreto, contará con la colaboración de las entidades del Estado que correspondan.

3. Presentar las denuncias que procedan e incautar y consignar las mercancías que estén a la venta y que no se documenten con las facturas de compras o declaraciones de importación

correspondientes, para lo que deberá contar con el auxilio de la fuerza pública y el Ministerio Público.

4. Realizar, con plenas facultades, por los medios y procedimientos legales, técnicos que estime convenientes, las inspecciones, investigaciones y verificaciones necesarias para el combate al contrabando, defraudación aduanera y tributaria. Para el ejercicio de estas funciones contará con el apoyo de las demás instituciones del Estado.

5. Participar en la **propuesta de estrategias apropiadas para la ampliación de la base tributaria, a través de la incorporación de sectores económicos que se encuentran fuera del sistema tributario**.

6. Actualizar y planificar anualmente las políticas para mejorar la administración, fiscalización, control y recaudación de los tributos, **simplificando los procesos y procedimientos** para su ejecución y cumplimiento utilizando los medios, mecanismos e instrumentos tecnológicos que contribuyan a alcanzar dichos objetivos. Para el efecto, podrá suscribir convenios de cooperación que considere procedentes.

7. Todas aquellas que se vinculen con la administración tributaria y los ingresos tributarios.

8. Para el cumplimiento de estas funciones la

Superintendencia de Administración Tributaria, deberá contar con unidades específicas de inspección, investigación y verificación para efectos tributarios y con la finalidad de combatir el contrabando, la defraudación aduanera, la evasión y la defraudación tributaria; para lo cual podrá inspeccionar con el auxilio de las autoridades competentes de seguridad, entre otros, contenedores, camiones y otros medios de transporte terrestre, lacustre o aéreo dentro del territorio nacional. Dichas unidades tendrán las funciones y atribuciones que el Reglamento de esta Ley establezca y no podrán tener la categoría de Intendencias.

"Es positivo que SAT tenga participación en la estructuración del presupuesto, principalmente en cuanto a los ingresos que le corresponde recaudar."

En este bloque, encuentro, personalmente, **el traslado de atribuciones de las fuerzas represivas a la Administración Tributaria**. Es positivo que SAT tenga participación en la estructuración del presupuesto, principalmente en cuanto a los ingresos que le corresponde recaudar y sea un actor en dicha tarea. Con esto, quizás, evitemos los desagradables episodios de desacuerdo entre Ministros de Finanzas y Superintendente de Administración Tributaria. **Pulso que ganó, al final, el Superintendente, aunque ya destituido, pues sus estimaciones eran las apropiadas.**

Ahora para el combate al contrabando y defraudación, es obligación de cualquier funcionario interponer las denuncias respectivas y SAT ya podía participar como querellante adhesivo. Considero que **no era necesaria una modificación a la ley orgánica de SAT para que pudiera ser parte de las políticas de combate a contrabando y defraudación, aduanera o tributaria, toda vez que ya era un afectado directo el fisco.**

"Pareciera que regresamos a los tiempos de la Policía de Hacienda"

El punto 3 arriba mencionado, me parece totalmente "grosero", para colocarle algún adjetivo. **El simple hecho que la Administración Tributaria pueda por sí requerir el auxilio de la fuerza pública para incautar mercancías da lugar a sospechar que ocurrirán abusos.** Comprendamos que no toda la mercancía legal cuenta con factura o declaraciones aduaneras de importación. La venta de bienes de segunda mano, por ejemplo, no tiene esa documentación o la mercancía artesanal y de pequeños productores agrícolas, en la economía de subsistencia, pueden ser legalmente adquiridos y no contar con esa documentación; sin embargo, lo que preocupa es la incautación para "que se defienda" un contribuyente en el futuro. El procedimiento legal actual permite que SAT interponga denuncias y conforme los medios probatorios suficientes, se pidan medidas cautelares a los tribunales específicos. Igualmente, el punto 8 arriba mencionado, sobre la capacidad de inspeccionar transportes, pone la duda respecto a su alcance, ya que la inspección de vehículos, según la constitución, requiere orden de juez o motivación suficiente. De la redacción pareciera que regresamos a los tiempos de la famosa policía de Hacienda. Me causa duda el alcance que se le dará al texto una vez inicien las autoridades a hacerlo valer.

Las demás son facultades que ya estaban, de alguna u otra manera, reguladas en otros cuerpos legales. La intención atrás de la creación de SAT como una Superintendencia con un alto grado de autonomía era, precisamente, sacar el poder político del manejo de la recaudación, a modo que fuera un ente netamente técnico e independiente quien se encargara de administrar, recaudar y fiscalizar a los contribuyentes, alejada de la posibilidad de utilizarla como mecanismo de extorsión "legalizado" o para revanchas y venganzas políticas o empresariales, por quien ostentara el poder. Es así que no veo que estas reformas vayan en esa línea, **sino en convertir a SAT en un instrumento policiaco y represivo.**

II. En el artículo 71, se incorpora a la unidad de contribuyentes especiales, la unidad de control de contribuyentes que gocen de exenciones. En un nuevo tercer párrafo, además, **se establece la obligación del Superintendente de presentar anualmente al Directorio un informe en el que conste que se han practicado apropiadamente las políticas de control de estos contribuyentes.**

Si bien es útil tener esta unidad, me hubiere gustado

ver alguna propuesta acá de cómo lograr ampliar la base de contribuyentes y no simplemente hacer más estricto el cumplimiento de los que están mayormente fiscalizados.

III. Se modifica en el artículo 72, el primer párrafo del artículo 7 y el literal i). Acá suceden 2 cambios importantes. Uno, agrega como función del Directorio de SAT, velar por el cumplimiento de las metas de recaudación y dos, elimina la obligación de publicar los estados financieros de SAT anualmente, sustituyendo dicha atribución del Directorio por la de aprobar la propuesta de metas de recaudación elaborada por el Ministerio de Finanzas para incorporarlo al convenio.

Aunque de forma, **es contradictorio que el Directorio tenga la obligación de aprobar la propuesta de Metas, pero no de improbarla**. También resulta contradictorio que sea la propuesta que presenta el Ministerio de Finanzas la que debe ser aprobada, cuando en un par de artículos antes se dice que SAT deberá participar en dicha elaboración, por lo que debería ser la que conjuntamente se establezca. Son comentarios a la forma, pero podría causar algún efecto.

IV. En el artículo 73 se modifica el artículo 13, que regula la forma de nombrar y remover a los Directores de SAT.

Anteriormente, el cargo de Director de SAT era por tiempo indefinido. Ahora, durarán 4 años y podrán ser reelectos. Cada 2 años se sustituirán 2 titulares y 2 suplentes, según su antigüedad en el cargo. Para ello se instalará la comisión de postulación que regula el artículo 9 de la ley Orgánica. Allí participan el Rector y 2 decanos de la USAC, 1 representante de los rectores de las universidades privadas, 1 de los decanos de derecho, 1 de los decanos de las facultades de ciencias económicas y 1 representante de los decanos de las facultades de auditoría de las universidades privadas, así como un representante de los colegios de cada una de dichas profesiones.

"El Presidente de la República podrá remover al Superintendente o a los Directores si no cumplen con las metas de recaudación"

La novedad es que automáticamente, cada 2 años, se cambiará a 2 titulares y 2 suplentes, pero el Presidente, si ocurre, podrá remover a los Directores en los mismos casos que al Superintendente, de las que resulta vital la establecida en el artículo 27 literal g), ahora modificado por el artículo 75:

"g) **No cumplir las metas de recaudación tributaria establecidas en el convenio que se celebre anualmente entre el Organismo Ejecutivo y la SAT**, *para el efecto dichas metas se establecerán tomando en consideración:*

a) Las cifras de recaudación tributaria del año anterior;

b) La situación de la economía;

c) El Presupuesto de Ingresos aprobado por el

Congreso de la República para el año correspondiente; y,

d) Plan de recaudación, control y fiscalización."

Es así que el hecho de no lograr las metas automáticamente podrán ser removidos. **Es esta injerencia del Presidente en elegir a "sus" Directores la que me causa dudas sobre los efectos que se tendrán**. Mi preocupación va en dos sentidos:

1. El aumento que se ha tenido en la **criminalización del Derecho Tributario**, con mayores acciones penales contra contribuyentes para lograr el pago de obligaciones, aún y cuando no se tengan todos los elementos necesarios para lograr que dichos casos prosperen, pero a la búsqueda de ingresos fiscales.

2. El aumento que pueda causar de criterios "recaudatorios" y no técnicos para lograr el aumento de la recaudación como protección del puesto.

No niego que los puestos "inamovibles" sean incentivos a la corrupción, no obstante, el rol inicial del Directorio era la de dotar a la Administración Tributaria de un órgano técnico que estableciera, en los casos de contienda con el contribuyente, los parámetros técnicos y criterios institucionales, a modo de eliminar el poder político de dichas resoluciones. **Con las modificaciones, los incentivos a dejar de ser un órgano técnico, para ser**

simplemente un instrumento del poder político en la búsqueda de recaudar, a como dé lugar, es latente.

El tiempo dirá si funciona o no, sin embargo, **una ley que otorga facultades a un ser humano debe ser de tal forma que dicho ser humano pueda ser el más corrupto sobre la faz de la tierra y aún así causar el menor daño posible.**

¿ES INCONSTITUCIONAL EL IMPUESTO DE CIRCULACIÓN DE VEHÍCULOS?

La respuesta corta es: **SÍ.** Evidentemente eso no nos resolvería nada, si el sí no está sustentado en algo. Básicamente son 2 violaciones constitucionales las que tiene este tributo:

1. No es un tributo acorde a capacidad de pago;

2. Contiene delegaciones que "chocan" con el principio de legalidad tributario.

En cuanto a la capacidad de pago, este principio es uno de los límites materiales principales que debe cumplir la legislación tributaria. Para que un tributo sea justo y equitativo debe ser estructurado conforme a este principio. La capacidad de pago, en dos platos, es una aptitud subjetiva de hacer frente al adeudo tributario. He allí la violación, pues la base imponible, es decir, de donde se toma el valor al que se le aplica la tarifa (2%), es un indicio de capacidad de pago: la propiedad de un vehículo y el valor de dicho vehículo. Dicha base es una referencia histórica. Se logra saber con certeza que el sujeto tuvo capacidad económica cuando adquirió el vehículo, no tenemos esa certeza luego. Es así que, tanto los tratadistas como la propia Corte de Constitucionalidad han dicho que ningún tributo puede ser establecido sobre patrimonio, activos o ingresos, sin permitir su depuración para que se establezca la efectiva y real capacidad de pago del sujeto y no se tribute sobre una base ficticia.

En cuanto al segundo punto, la violación está en que el principio de legalidad se estableció universalmente para evitar la actuación arbitraria de los órganos ejecutivos en la tributación, principalmente en el establecimiento de sus montos y su cobro. Por ello es que nuestra Constitución indica que corresponde con exclusividad al Congreso de la República establecer impuestos y sus bases de recaudación, entre ellas, la base imponible. En el caso del impuesto a la Circulación de Vehículos, que realmente es a la propiedad de vehículos, la base imponible la establece SAT por medio de un listado. Es así que es un acto de poder el que determina cuánto cuesta un carro. El valor del carro es la "base imponible" y por tanto, no puede ser un acto "delegado", ya que corresponde con "exclusividad" al Congreso establecer la base imponible, para evitar, precisamente, que el órgano ejecutivo lo haga.[25]

---

[25] Bueno, dicho esto, les cuento que la inconstitucionalidad planteada por unos "buzos" patojos, estudiantes de derecho, se centra, precisamente, en el segundo punto. Les deseo suerte.

¿REBAJAS AL IMPUESTO DE CIRCULACIÓN DE VEHÍCULOS?

El decreto 1-2013 del Congreso nos presenta una "reducción" al pago de la famosa "calcomanía" de este año y en adelante.

El texto dice:

> ARTICULO 5. Reducción del Impuesto sobre Circulación de Vehículos Terrestres, Marítimos y Aéreos.

Se decreta la reducción del Impuesto sobre Circulación de Vehículos Terrestres, Marítimos y Aéreos, contenido en el Decreto Número 70-94 del Congreso de la República y sus reformas, a efecto de que todos los contribuyentes que paguen dicho impuesto sobre los vehículos terrestres al estar vigente la presente Ley, tengan una reducción del cincuenta por ciento (50%) sobre el monto del impuesto determinado."

En este caso, técnicamente hablando, es una reducción al impuesto -condonación en el caso de pagos pendientes o descuento al impuesto, para el futuro-, lo que es posible. Algunos han salido diciendo que "no aplica para el 2013", que "el Congreso no puede hacer eso" ... bueno, sí aplica y el Congreso sí puede.

Obviamente esta reducción no obedece a nada más que buscar elevar simpatía, pues el grueso del decreto 1-2013 es una amnistía parcial, que es bastante sospechosa...

La reducción sí aplica para este año porque aunque modifica "cuantía" del impuesto, debemos leer bien lo que el Código Tributario indica con las reformas a cuantías de impuestos: PARA EVITAR DOBLE DECLARACIÓN.

En este caso la operación de determinar la obligación tributaria no puede resultar en "doble declaración", ya que se determina el impuesto por vehículo, de manera separada, para un pago único anual. Es decir, que si usted determina el pago de su calcomanía, lo hace una única vez y la rebaja se incluye en esa declaración. UNA SOLA DECLARACIÓN.

Distinto es una reforma al Impuesto Sobre la Renta, por ejemplo, que se les ocurra hoy y rebaje la tarifa de 31 a 29%. En este caso, la declaración por el año enero a diciembre 2013 sufriría el caso de tener que hacerse una determinación por los ingresos de enero a hoy a 31% y luego de mañana a diciembre al 29%. Es así que la finalidad de la norma del Código Tributario es evitar que eso suceda y entrará en vigencia el próximo período.

En el caso de una declaración única, el momento de la determinación de la obligación dicta las normas a utilizar y no existe posibilidad alguna de dobles declaraciones. *Es por ello que sí está vigente.*

Luego el hecho de hacer una rebaja al impuesto determinado no a la tarifa, pues es un poco impráctico, pero sí es posible. **Es básicamente una exoneración parcial de tributo.**

TRANSPORTE PÚBLICO Y CARGA TRIBUTARIA

Los famosos buses y sus problemas. Tres sistemas de transporte público funcionan ya en la ciudad:

1. **Rojos;**
2. **Transmetro;**
3. **Transurbano.**

Este hecho evidencia que el problema viene desde la raíz. El Transmetro es un ejercicio que busca paliar el problema y presentar una solución viable. Sin embargo ya está muy deteriorado. ¿La razón? Se subsidia su funcionamiento.

Los rojos son los tradicionales del problema. Mal servicio, malas rutas, mala administración; MUCHO subsidio al funcionamiento. Vea que en Guatemala todo servicio debe ser facturado. ¿Dan factura los buses? ¿Algún comprobante? Esto me indica que claro que el servicio no es el negocio. El servicio es, por diseño, una pérdida garantizada. *El subsidio es el negocio*. El Transurbano, bueno, creo que no pasó de ser un esquema de robo y saqueo a las arcas del estado.

En todo el mundo civilizado, el transporte público está integrado. Casi nunca los pilotos tienen a su cargo dinero. Las rutas cortas internas empalman en puntos y horarios con rutas largas. Los buses, por ejemplo, paran cada 100-200 metros y entroncan a no más de 100 metros con las "paradas" de tranvía, metro o tren. Las rutas largas toman ejes clave de las ciudades y las cortas completan una verdadera red. Esas rutas largas están coordinadas entre ciudades, por aquello que viva en una ciudad a las afueras y trabaje en la otra. En el sistema, está coordinado todo. Principalmente el cobro. Es así que dentro de metros, tranvías y buses puede uno ir sin efectivo. Mecanismos hay varios. En las estaciones de las afueras de la ciudad hay grandes estacionamientos para que los visitantes que llegan en vehículo propio dejen su auto y suban al transporte público. ¿Subsidios? Sí. Al usuario. Tanto en Austria, Alemania y Holanda, que son los que conozco, el subsidio se otorga a la persona. Al usuario. Estudiantes de primaria, secundaria, universitarios y personas con características especiales: tercera edad, con seguro de desempleo, etc. Todos en lo personal lo reciben. Al estudiar fuera, yo tenía un carné que me identificaba como estudiante universitario calificado al programa de subsidio de transporte. No era total, sino que cubría las zonas necesarias para ir de mi casa a la universidad, con una reducción de la tarifa mensual. En otros viajes, gozaba de un descuento.

En Holanda, cada ciudad maneja su red de transporte de manera separada, pero el descuento se hace efectivo en el pago, que era centralizado. Todos usan el mismo sistema de pago.

¿A dónde voy con este tema? **Resulta que el subsidio sale de sus impuestos, pero no está ayudando a quien debe**. Enriquece al empresario del transporte, no mejora, no aliviana tráfico y crea un sistema a merced de políticos.

El transporte público no se arregla por quien lo preste; eso es lo de menos, sino por quien lo pague. Hoy día, el que lo paga no tiene la menor injerencia en el mismo. Lo mismo sucede con el resto del presupuesto. Pagamos algunos por el uso que le dan unos pocos a favor de beneficios políticos.

Tal como pudiéramos decir que el precio del pasaje es lo que se paga, más el subsidio, más el desperdicio en el camino, más el costo social de tener buses atascados de personas, accidentes, buses a media calle, buses descompuestos, citas perdidas, horas en tráfico de los pasajeros en condiciones de sardinas, etc.

En tributos, sucede igual. La carga de aproximadamente 12% es pagada por una pequeña porción de la población. Con lo que la carga *per cápita* va de cero (0) en unos casos a "recibo millones" del erario en el otro extremo, sufriendo el desembolso de ese 12% solo unos pocos.

¡SI SALTA, LE DISPARO!

Hablemos un poco sobre **la intervención de las aduanas**. Mucho preocupa.

¿Es una cortina de humo? Esto pues se anuncia que se intervendrá para perseguir la corrupción que está allí adentro. Para eso no se necesita intervención. Se necesitan **denuncias, órdenes de captura y operativos de investigación.**

¿Interventor el mismo Superintendente? Es como decir "no hemos agarrado al ladrón porque no sabe el jefe quien es, si le cambiamos de nombre de jefe a interventor, le contarán quién es".

¿El ejército? Para combatir mafias no está el ejército. Para administrar aduanas, no está el ejército. Para hacer de inspector de trabajo, no está el ejército. Esto es como cuando se quería frenar la ola de suicidios en el puente El Incienso. Se pusieron dos soldados con fusiles en cada banqueta. ¿Qué iba a hacer el soldado con el suicida? ¿Dispararle?

El problema de las aduanas no es de personas *per se*. El problema de las aduanas pasa por el marco legal. Hay una clara correlación en la baja recaudación de impuestos a la importación y la aprobación del 10-2012 y su famosa "ley de aduanas". ¿Quién redactó y propuso ese «*mamarracho*»? Esa ley provoca un aumento en los poderes discrecionales de los funcionarios aduaneros. Aumenta enormemente los costos para cumplir. Al ser más caro cumplir que "morder"[26], evidentemente se amplía la brecha para delinquir. Se facilita la estructura para sobornar y a la vez, se facilitan los mecanismos para contrabandear en las narices de todos. Una vez que todos son cómplices, ¿quién denuncia?

Meter al ejército es grave, de por sí. Meterlo en una institución que tiene un deficiente marco legal, peor. ¿Qué podría suceder? Se me ocurren varios escenarios:

> 1. Se utiliza el ejército para fortalecer las mafias. Ahora con protección armada y autoridad para meter al redil a todo aquél que quiera.
>
> 2. Dado que el ejército tiene rubros "ocultos" de presupuesto, es fácil pensar que se lavarán las mordidas y los negocios turbios, como compra de equipo y tecnología para aduanas, mucho más fácilmente. Vean si no era así como llegó el dinero de Alfonso Portillo, expresidente de Guatemala, al Crédito Hipotecario Nacional.
>
> 3. Se aumentará la corrupción y se le echará la culpa a otro poder del Estado.
>
> 4. Causará paralización de la economía formal.
>
> 5. Se aliviará la corrupción, gracias a que se colocarán tarifas fijas de mordidas.

---

[26] Sinónimo de sobornar.

6. Se hará absolutamente lo mismo.

7. Se dará marcha atrás con la medida, pues se darán cuenta que no es viable.

No veo, sin embargo, que meter al ejército ayude en algo. Si el interventor es el mismo jefe actual, ¿qué sentido tiene? Aumentar poderes discrecionales, no importa de quién sean, no evitará el problema. Es por eso que los ángeles no tienen libre albedrío, según cuentan.

Es así que como no se pudo parar la ola de suicidios colocando soldados en el puente, tampoco se frenará el problema de la corrupción en aduanas, poniendo soldados en el puerto.

REGISTROS PÚBLICOS: VIOLACIÓN AL DERECHO DE PROPIEDAD EN EL DECRETO 4-2012

El Código Tributario es el cuerpo legal que regula la materia tributaria en general. Contiene los principios de aplicación, interpretación e integración del mundo jurídico tributario, los procedimientos, definiciones y sanciones. Las modificaciones a este régimen pueden considerarse de vital importancia pues definen la mecánica y forma de realizar ajustes tributarios y sancionar a los contribuyentes "mafiosos". Claro que la importancia principal está en que sus normas son las que deben salvaguardar los derechos básicos de los contribuyentes.

Dicho esto, encontramos que son las reformas a las que más atención debe ponérseles, aunque usualmente el público en general se preocupa más por las tarifas que por las reglas que garantizan o violan su esfera de derecho.

Se incorporaron varias normas y reformaron otras a este cuerpo legal.

Simulación Fiscal

La primera es la incorporación del artículo 16 A, que contiene la llamada "simulación fiscal":

"Artículo 16 "A". Simulación fiscal. La Administración Tributaria formulará los ajustes que correspondan, cuando establezca que los contribuyentes, en detrimento de la recaudación tributaria:

a) Encubran el carácter jurídico del negocio que se declara, dándose la apariencia de otro de distinta naturaleza;

b) Declaren o confiesen falsamente lo que en realidad no ha pasado o se ha convenido entre ellas; o,

c) Constituyan o transmitan derechos a personas interpuestas, para mantener desconocidas a las verdaderamente interesadas.

En estos casos, la Administración Tributaria formulará los ajustes que correspondan y notificará al contribuyente o al responsable, sin perjuicio de iniciar las acciones penales, cuando corresponda."

Tiene algunas cosas importantes de comentar por lo peligroso que resulta una norma de este tipo. Si bien es cierto que otras legislaciones contemplan normas similares, debe tenerse presente que la simulación fiscal podría existir sin problema alguno, si se limita a ser una "herramienta" de la administración tributaria para realizar ajustes. Es decir, con efectos únicamente limitados a corregir posibles omisiones del contribuyente, con la necesidad plena y absoluta de demostrar que el acto es "simulado" y que "el acto que se oculta" es tal o cual.

Usualmente se deja claramente estipulado el procedimiento para "establecer" dicha simulación y los efectos que tendrá. Acá, la norma simplemente indica que la Administración Tributaria formulará los ajustes cuando "establezca" que los contribuyentes "en detrimento" de la recaudación cometen alguno de los 3 tipos de simulación que establece el artículo y "...formulará los ajustes que correspondan y notificará al contribuyente...sin perjuicio de iniciar las acciones penales, cuando corresponda".

Vemos que hay 2 situaciones a las que debemos ponerle atención:

1. ¿Cómo establece la administración tributaria que hubo simulación?
2. ¿Cuándo corresponde iniciar acciones penales?

En situaciones similares, otras legislaciones claramente establecen que deberá establecer dichas situaciones de simulación por medio de los procedimientos de determinación o procedimientos especiales administrativos. Siempre sujetos a control de los tribunales de lo contencioso administrativo. Acá la redacción no indica cómo, por lo que deberíamos empezar a ver cómo quedó, en su conjunto, el "nuevo" Código Tributario para hacer las conjeturas del caso. Todo parece indicar que será una norma que "se salta" el control de los tribunales que la Constitución crea como obligatorio.

Siempre causa temor que estas herramientas sean mal utilizadas, principalmente cuando se parcha un cuerpo legal como el Código Tributario.

Junto a esta modificación, también se modificó el artículo 90, mismo que tiene ahora el siguiente texto: "Si de la investigación que se realice, aparecen indicios de la comisión de un delito o de una falta contemplados en la legislación penal, la Administración Tributaria se abstendrá de imponer sanción alguna y procederá a hacerlo del conocimiento de la autoridad competente, sin perjuicio de recibir el pago del adeudo tributario y ello no libera al contribuyente de la responsabilidad penal. La Administración Tributaria en ningún caso sancionará dos veces la misma infracción", con lo que "pegan" ambos artículos para que la conjetura inicial sea que cualquier indicio "establecido" por la propia SAT dará lugar a la "obligatoria" denuncia y con ello, se convierta en una "pistola a la sien" del contribuyente, más que herramienta de ajuste.

Informes de terceros

Recurrente reforma es la del artículo 30 que contiene la información que SAT puede requerir. Lo que llama la atención es que reitera la obligación de proporcionar información sobre terceros, cuando sea: "...sobre actos, contratos, actividades mercantiles, profesionales o de cualquier otra naturaleza, con terceros, que sea requerida a efecto de verificar la determinación o generación de tributos, dejando a salvo los datos protegidos por la Constitución Política de la República de Guatemala y leyes especiales." Agrega que "... la Administración Tributaria..." podrá, por medio de un aviso a los contribuyentes o terceros "...que deben informar de sus actividades afectas generadoras de tributos, exentas o efectuadas con terceros, en forma electrónica, con determinada periodicidad, facilitando para el efecto los medios, formatos, contenidos u otros elementos que contendrán la información que se le solicite."

Se complementa con el nuevo artículo 30 B que la Administración Tributaria podrá, a su costa, instalar dispositivos de control o sistemas que le permitan obtener información sobre la producción, importación, distribución, compraventa, transporte o comercialización de bienes o servicios, y sobre la operación de tráfico de telecomunicaciones, directamente dentro de los sistemas o mecanismos de control del contribuyente, tales como sistemas del tráfico de telecomunicaciones, de producción, o fabricación, envasado, llenado, vaciado, o transporte de bienes y servicios de los productores, importadores o distribuidores de bienes o servicios.

Esto quiere decir que SAT podrá "ver on-line" sus transacciones directamente y con ello podrá ajustar al contribuyente "observado" y a terceros. Se cierra el círculo con el artículo 125 A que se agregó, mismo que se refiere a documentos de prueba y certificaciones de la propia Administración Tributaria:

"Artículo 125 "A". Conservación y certificación de documentos recibidos por la Administración Tributaria. La Administración Tributaria está facultada para que los documentos, registros, informaciones o archivos que reciba, se digitalicen, guarden, almacenen e integren en sistemas informáticos, electrónicos u otros similares, que garanticen su conservación, su fiel reproducción y faciliten la gestión administrativa, sin perjuicio de lo previsto en el artículo 24 de la Constitución Política de la República de Guatemala.

La certificación de la documentación que obre en la Administración Tributaria en sistemas informáticos, digitalizados, electrónicos, mecánicos u otros similares, que emita funcionario competente para ello, serán admisibles como medios de prueba en toda actuación administrativa o judicial y tendrán plena validez y valor probatorio."

La última frase "...serán admisibles como medios de prueba en toda actuación administrativa o judicial y tendrán plena validez y valor probatorio" refiriéndose a las certificaciones emitidas por la propia Administración Tributaria nos dan alguna luz que podría indicar que desde un procedimiento interno y de confrontación de datos y documentos, el funcionario a cargo de la "investigación" -sin participación aún del contribuyente- emitirá la certificación con su propia interpretación y dirá que "hay simulación en virtud de los medios probatorios que tuvo a la vista" y eso, por virtud de ley, será un documento con plena validez y valor probatorio, tanto en el procedimiento administrativo o judicial. En palabras simples: ya estableció con total valor de verdad que usted cometió "simulación", aunque nunca le haya informado. Es hasta este momento que le notificará y dará audiencia, pero puede, a su vez, iniciar el proceso penal en su contra, pues el delito se tipifica con "simulación + detrimento en la recaudación", elementos que él ya certificó con "pleno valor probatorio" para el mismo juez penal.

Muy peligroso. Como la figura penal indica esos elementos para que haya delito de defraudación tributaria, vea lo que el artículo 90 del Código Tributario le obliga al funcionario de la Administración Tributaria:

"Artículo 90. Prohibición de doble pena -Non bis in ídem-. Si de la investigación que se realice, aparecen indicios de la comisión de un delito o de una falta contemplados en la legislación penal, la Administración Tributaria se abstendrá de imponer sanción alguna y procederá a hacerlo del conocimiento de la autoridad competente, sin perjuicio de recibir el pago del adeudo tributario y ello no libera al contribuyente de la responsabilidad penal. La Administración Tributaria en ningún caso sancionará dos veces la misma infracción."

De tal manera que se cierra el círculo "indicio de la comisión del delito" que se prueba con la certificación interna, que obliga, a su vez, al funcionario a interponer la denuncia so pena de cometer él el delito de omisión de denuncia y permite a su vez que se cobre el tributo.

Ya hemos tenido la experiencia, aún sin la reforma, de casos en los que SAT inició directamente acciones penales, cuando encontró simples descuadres que pudieron ser sujetas de un procedimiento administrativo.

RENTAS DE CAPITAL... ¿O NO?

Una recurrente pregunta será si algo es o no una renta de capital o una renta regida por otra "cédula" en el Impuesto Sobre la Renta contenido en el 10-2012.

La duda, más que razonable, proviene de la misma redacción de la ley. Evidentemente chocan criterios económicos, contables y legales en el uso del lenguaje para establecer las distinciones, mas no podemos perder de vista que estamos frente a leyes y es el campo del derecho tributario resolver el conflicto.

Es así que la interpretación de cualquier norma tributaria debe hacerse a la luz de los principios constitucionales, de los contenidos en el Código Tributario y los contenidos en las leyes específicas.

El primer principio a aplicar en materia tributaria es el de **legalidad**. El establecimiento del tributo y sus bases deben estar contenidas en ley. Se desprende de ello que hechos generadores y su tipificación, deben contenerse en ley. Luego que por vía de la analogía no se pueden crear hechos generadores de tributos. También aplica a exenciones y demás bases de recaudación. Es así que el primer paso es aplicar el artículo 2 del Código Tributario en cuanto a las fuentes del Derecho Tributario. Las disposiciones constitucionales van en primer lugar y son las de mayor jerarquía. Siguen las leyes y tratados y por último los reglamentos. El artículo 239 de la

Constitución es el que contiene el principio de legalidad.

El artículo 3 del Código Tributario exige la emisión de una ley para decretar tributos, otorgar exenciones, entre otros, por lo que primero hay que ubicar la norma legal aplicable.

En el 10-2012, el artículo 4 contiene las definiciones de "rentas afectas", lo que deducimos de la frase "independientemente que estén gravadas o exentas", y en conjunto con el artículo 3 que define como "afectas" las rentas obtenidas en el territorio nacional y por tanto, en el Artículo 4 se hace la categorización de "rentas de fuente guatemalteca".

Así es que encontramos las definiciones de rentas de actividades lucrativas, las de rentas del trabajo y las rentas de capital.

Desgraciadamente, como opinión personal, este artículo no contiene una definición que excluya directamente unas de otras y causa, por tanto, confusiones en el transcurso de la ley.

Es así que resulta muy sencillo colocar una renta de capital como renta de actividad lucrativa viendo únicamente el artículo 4 o bien, viendo únicamente el hecho generador, contenido en el artículo 10, de las rentas de actividades lucrativas: "Constituye hecho generador del Impuesto Sobre la Renta regulado en el presente título, la obtención de rentas provenientes de actividades lucrativas realizadas con carácter habitual u ocasional por personas individuales, jurídicas, entes o patrimonios que se especifican en este libro, residentes en Guatemala.

Se entiende por actividades lucrativas las que suponen la combinación de uno o más factores de producción, con el fin de producir, transformar, comercializar, transportar o distribuir bienes para su venta o prestación de servicios, por cuenta y riesgo del contribuyente. (…)"

Esta definición me parece muy "curiosa", toda vez que las rentas de actividades lucrativas estaban definidas en el artículo 4. Ahora, con esta definición en el hecho generador, se crean temas interesantes, especialmente si vemos que las rentas pueden ser "habituales u ocasionales". Esto causa un conflicto frontal con la definición usual de ganancia de capital, pues ella se da por la venta de activos que no son del "comercio usual" del contribuyente.

También nos encontramos que si la actividad lucrativa, como la define el artículo 10 -Hecho Generador- es la combinación de uno o más factores de producción, así como "capital y empleo", los servicios financieros son rentas que generan obligación tributaria en este régimen (Actividad lucrativa). La venta de bienes al crédito, por ejemplo, generará habitualmente intereses, por lo que está generando obligación tributaria ya que es hecho generador de este régimen.

Por su lado, las rentas de capital se describen, artículo 4, como "… las derivadas del capital y de las ganancias de capital, percibidas o devengadas en dinero o en especie, por residentes o no en Guatemala…" y entre el listado particular aparecen:

1. Dividendos y utilidades;

2. Intereses o rendimientos;

3. Regalías;

4. Rentas provenientes de bienes muebles o inmuebles (supongo que esto quiere decir precios por arrendamientos, pues el concepto renta es distinto dentro de la ley);

5. Ganancias de capital por la venta de acciones o títulos o participaciones, con varias calificaciones de afectación;

6. Rentas de capital derivados de la transmisión de bienes muebles o inmuebles situados en el territorio nacional;

7. Los premios de loterías, juegos, rifas y demás;

8. Incorporación al patrimonio del contribuyente residente de bienes, que no estén gravadas por otro impuesto directo.

Es así que la definición de "Actividades Lucrativas" incorpora todos los supuestos de afectación de las rentas y ganancias de capital, ya que, obviamente, todos los supuestos detallados derivan de la "combinación de uno o más factores de producción". Esos factores, tradicionalmente, son el capital y la mano de obra o el trabajo. Recibo intereses porque tengo algún capital trabajando para mí, ya sea en depósitos o bien por haber prestado dinero. Recibo ingresos porque vendí, habitual u ocasionalmente, un bien.

La escogencia del leguaje causa muchas dudas. La

distinción usual, para estos casos, sea mejor colocarla en la habitualidad de la realización que causa esos ingresos. Veamos así que resulta una renta de capital la obtención de una regalía por uso de marcas o patentes de invención. Sin embargo, esas rentas de capital pueden ser catalogadas como "rentas de actividades lucrativas" pues es una renta que habitualmente obtiene un contribuyente que se dedica a la explotación de derechos sobre marcas o patentes de invención y no tiene otra razón de ser. Sus inversiones son para generar marcas, crearles reputación, mercadearlas y luego vender derechos de uso de las mismas. Una compañía que crea personajes e historietas; una compañía que es la dueña del *know how* de un negocio que se comercializa con sus marcas, como sería cualquiera de los restaurantes de cadenas que todos conocemos. ¿Es una renta de capital? Ambos hechos generadores los incluyen. ¿Cómo resolvemos el conflicto?

La norma que debería servir de parámetro para responder es el 15: "**Las rentas de capital y las ganancias de capital, se gravan separadamente de conformidad con las disposiciones del Título IV de este libro.**

Lo dispuesto en el párrafo anterior, **no es de aplicación** a las rentas de capital mobiliario, ganancias de capital de la misma naturaleza, ni a las ganancias por la venta de activos extraordinarios obtenidas por bancos y sociedades financieras, ni a los salvamentos de aseguradoras y afianzadoras, sometidas a la vigilancia e inspección de la

Superintendencia de Bancos, **las cuales tributan conforme las disposiciones contenidas en este título. También se exceptúan del primer párrafo**, y deberán tributar conforme las disposiciones contenidas en este título, **las rentas del capital inmobiliario y mobiliario provenientes del arrendamiento, subarrendamiento, así como de la constitución o cesión de derechos o facultades de uso o goce de bienes inmuebles y muebles**, obtenidas por personas individuales o jurídicas residentes en Guatemala, **cuyo giro habitual sea dicha actividad**."

Considero que el artículo 15 no hace del todo bien su trabajo, pues crea dos excepciones, mismas que son aplicables únicamente cuando uno se enfrenta a "rentas de capital" puramente. El primer problema es que las rentas de capital no están definidas de forma inequívoca y los elementos definitorios que tienen las rentas de actividades lucrativas también le aplican a los conceptos de rentas de capital. El artículo 15 está redactado como si unívocamente fueran rentas de capital que serán "absorbidas" como rentas de actividades lucrativas en este régimen, si se llena el requisito allí dado, en los varios casos exceptuados. Por lo que podríamos pensar que la interpretación de la norma es también que lo que está catalogado como "renta de capital", salvo la excepción, tributará únicamente como renta de capital. Lástima que la redacción no sea clara, pues técnicamente, aunque haya exención, causa doble obligación tributaria. Una como renta exenta y otra como renta gravada.

Este punto, la exención y causación del tributo, sin

embargo, también ocasiona problemas, que espero tratar más adelante en este medio.

Ahora, el tema, según el artículo 15, se centra en determinar si es el giro habitual dicha actividad o no. Regresamos, por tanto, a un concepto jurídico.

Se ha escuchado que la Administración Tributaria pretende que "giro habitual" sea equivalente a "actividad principal" como la define el Código Tributario en el Artículo 120 en cuanto a ser la actividad por la que el contribuyente obtuvo más del cincuenta por ciento de sus ingresos en el período anterior. Es claro que los conceptos son totalmente distintos. "Giro habitual" se refiere a la frecuencia de realización de una actividad, mientras que "actividad principal" se refiere al volumen de facturación. Obviamente no podrán ser equivalentes.

El giro responde a las actividades que una empresa lleva a cabo cada momento. Ahora bien, "actividad principal" en el sentido definido por el Código Tributario se refiere al volumen de facturación. Es así que será la actividad principal aquella por la que factura más del 50% de los ingresos del año.

Veamos así que un contribuyente puede realizar habitualmente -todos los días- venta de dulces y chicles. Es decir, tiene una empresa abierta por la que vende esos bienes habitualmente. También es propietario de 2 locales comerciales que da en arrendamiento desde hace 5 años, por los que cobra mensualmente una renta y, por último, es un excelente fotógrafo y cobra por sus servicios de fotógrafo, actividad que se desarrolla usualmente, por razones de los eventos que cubre, en Semana Santa y Navidad. De lo anterior se desprende que giro habitual será la tienda de dulces y el arrendamiento de los locales; mientras que la actividad menos "habitual" es la de fotógrafo. Pero, ¿qué tal si factura 60% de sus ingresos al año por su actividad de fotógrafo, ya que es tan famoso que puede darse el lujo de trabajar sólo esos meses al año, y de vez en cuando, mientras que las otras 2 actividades que realiza son habituales, pero facturan únicamente 40% del total?

Dicho esto, es importante tener claro que la ley habla de "giro habitual" y no de volumen de facturación para distinguir el régimen, pero no es sencillo, en el caso de los arrendamientos del ejemplo, ya que no tenemos un parámetro claro de cómo medir dicha habitualidad. Sabríamos, en este caso, que el contribuyente como actividad principal tendrá en el RTU registrado "Servicios personales", pero, ¿aceptará SAT que los arrendamientos pagan conforme a las rentas de actividades lucrativas y no como rentas de capital inmobiliario?

ADUANAS INMORALES

Hace poco leía que gente en Huehuetenango está bloqueando carreteras protestando contra la prohibición de importar maíz. Esto trae, o debería, a la mesa, la discusión sobre la "moralidad" de los aranceles. Tenemos gente muriendo de hambre. Tenemos noticias que la canasta básica subió de precio. Esto quiere decir que el nivel de vida de la gente es más bajo.

Los gobiernos hacen cosas que resultan altamente contradictorias y sin razón. Para bajar los precios de la canasta básica **tienen simplemente que dejar de prohibir importar.**

El consumidor, el que se comerá el maíz, al no existir prohibición, podrá obtenerlo, sin limitación, de cualquier lugar del mundo donde quizás hay sobreproducción o menos gusto o mayor productividad.

Empieza a resultar problemático que un pueblo vaya descubriendo que son pobres o gastan más de lo que deben o no pueden comprar lo que necesitan, simplemente porque su propio gobierno les prohíbe satisfacer sus necesidades.

Impactante que la protesta es para que les dejen comprar alimentos.

CIERRE PREVENTIVO

Hemos visto aberraciones que se han dejado pasar. Ahora esto es inverosímil. ¿En qué cabeza cabe que se puede cerrar preventivamente un establecimiento empresa o negocio en el cual se constate la realización de actividades comerciales, financieras, profesionales u otras actividades gravadas, sin haberse registrado como contribuyente o responsable ante la Administración Tributaria, o encontrándose inscrito no posea las facturas u otros documentos que las leyes impositivas establezcan como obligatorios, para emitir y entregar a los adquirientes de bienes o servicios?

No emitir factura es una infracción con sanción de cierre. Ahora acá se hace de manera preventiva con una simple "visita de auditoría". El cierre se puede hacer hasta por 15 días y resulta, que si el contribuyente está inscrito (es decir que preventivamente le cerraron por "sospecha" que no tenía facturas) una vez vencido el plazo o probado que sí las tenía, le podrían seguir el procedimiento de cierre y cerrarlo "sancionatoriamente" por hasta 10 días.

¿Ridículo, no?

SISTEMA FRENTA A CULTURA

CAMINO A LA TIRANÍA (REFORMA A LA CONSTITUCIÓN + TIRANÍA)

Durante muchos años he dicho que nuestra Constitución sirve tanto como el papel de baño. La razón para ello es porque no está pensada como instrumento republicano de limitación a quien ejerce el poder, sino al contrario, está pensado como un instrumento que establece sueños para ser cumplidos por un aparato estatal en favor de grupos de poder o de interés.

Con esa perspectiva, evidentemente los resultados de su aplicación son los que saltan a la vista: inconformidad, corrupción, abusos de todos lados, legalización del compadrazgo como método de garantía de derechos y carreras políticas mesiánicas que logran enriquecimiento absurdo de los que ganan y sus allegados.

El Presidente Otto Pérez Molina exalta y promueve una reforma constitucional. De nuevo, no niego su necesidad. Cuestiono, eso sí, que haya una clase política, empresarial o académica que realmente esté planteando una reforma que resuelva los problemas arriba establecidos.

No creo que la reforma que el señor Presidente promueva ataque esos problemas. No creo que cuente con asesores que estén dispuestos a ceder sus cuotas de poder y hacer planteamientos que vayan encaminados a regresar a Guatemala por la senda de una vida republicana (lea "regresar" con un tono sarcástico, pues nunca lo hemos sido) y mucho menos que busque reducir los ámbitos de intromisión de los funcionarios, para reducir el nivel de corrupción por interferencia.

Se dice que la constitución debe ser más democrática, más participativa, más abierta y más inclusiva, pero todos esos términos son simplemente para darle espacios a más organizaciones y grupos de interés y reducir cada vez más las esferas de derechos de todos. Se «compartimentalizan» los derechos y se reparte la piñata a costa de los ciudadanos. Se agrupa falsamente a la sociedad "civil" en grupúsculos de interés particular, sin ver que son los ciudadanos de a pie, los trabajadores y emprendedores (no empresarios) los que requieren que se les expedite el camino al éxito personal, sin importar cómo considere definir dicho éxito más que con la clara y delimitada esfera de no intervenir con el del vecino.

Veo muy peligrosa una reforma constitucional en este momento, pues los grupos que apoyan la misma no han presentado proyectos que resuelvan el fondo, sino que lo agravarán en el futuro.

¿Camino a la Tiranía?

El título no es una acusación, sino una duda. Es una duda respecto a los efectos que la reforma propuesta causarían en nuestro sistema constitucional, político y social.

No quiero dejar ver que nuestro actual Presidente desee convertirse en tirano, sino más es una duda sobre la conveniencia de dejar dichas reformas plasmadas a modo que se abra la puerta para que en unos años, algún loco con ínfulas de mesías, tome el poder y se convierta en un dictador tiránico.

República... ¿qué es eso?

Las definiciones más fáciles de comprender dicen que "República del [[latín res publica, «la cosa pública, lo público»), en sentido amplio, es un sistema político que se fundamenta en el imperio de la ley (constitución) y la igualdad ante la ley como la forma de frenar los posibles abusos de las personas que tienen mayor poder, del gobierno y de las mayorías, con el objeto de proteger los derechos fundamentales y las libertades civiles de los ciudadanos, de los que no puede sustraerse nunca un gobierno legítimo." La Encyclopedia Britannica de 1922, resaltaba la importancia de la autonomía y del Derecho (incluyendo los derechos humanos) como partes fundamentales para una república.

De estas definiciones, es claro que no puede ser equiparada una República con una democracia, pues se basan en principios distintos:

1. La república es el gobierno de la ley
2. La democracia es el gobierno de la mayoría.

Por ello, con el aval de una mayoría, podrían anularse Derechos de las minorías o de un individuo, a modo que se "justifique" dentro de una Democracia un acto que en una República sería considerado "ilegal".

Sus caracteres son:

1. La periodicidad en los cargos;
2. La publicidad de los actos de gobierno, no es posible el secreto de Estado;
3. La responsabilidad de políticos y funcionarios públicos;
4. La separación y control entre los poderes;
5. La soberanía de la ley;
6. El ejercicio de la ciudadanía, quien pone y depone;
7. La práctica del respeto, y no la intolerancia, con las ideas opuestas;
8. La igualdad ante la ley;
9. La idoneidad como condición de acceso a los cargos públicos.

Cambio de valores en la sociedad y el ciclo actual

Gracias a los estudios e intuición de Roy H. Williams, hemos llegado a conocer que la sociedad se mueve entre dos polos:

1. "Yo"
2. "Nosotros".

Cada 40 años cambiamos de uno a otro. En el "Yo" vivimos por grandes ideas, por imagen. El lema "yo estoy bien, tú estás bien". En el "Nosotros" somos de pequeñas acciones, realismo, autenticidad. El lema "yo estoy mal, tú estás mal".

Sin embargo, llevamos al extremo todo. Llegamos a la plasticidad en el ciclo "yo". Llegamos al autoritarismo en el ciclo "nosotros". En el ciclo "yo" caemos en el vacío de la imagen, pero en el ciclo "nosotros" buscamos que lo que uno considere "bueno", sea impuesto en el resto de la sociedad... aún por la fuerza.

La genialidad de Roy H. Williams está en encontrar que el primer ciclo "nosotros" o "cívico" inicia en 1923... así que el siguiente ciclo inició en 2003... Sorprendente.

Reformas propuestas

No trataré todas las reformas, sino aquellas que inciden directamente en la configuración de la República.

Identidad de pueblos indígenas

Se reforma el artículo 66 sobre el reconocimiento de los pueblos Maya, Garífuna y Xinca. El problema acá, respecto a una república es que a nivel constitucional se crean grupos de individuos con mayores o menores derechos que otros. En una República predomina la igualdad ante la ley, que es la eliminación de cualquier privilegio por raza, credo, sexo u otro.

En este mismo artículo se incluye una muy peligrosa frase: "*...así como el derecho de acceso a los lugares sagrados legalmente establecidos, debiendo la ley determinar lo que respecta a su identificación y reconocimiento*". Esta frase es una carta blanca para solapar expropiaciones... todo dependerá del Congreso y su inclinación "racial" para otorgar estos privilegios.

Prohibición de indemnización para funcionario

Se incluye en el artículo 110 la prohibición para indemnizar a los funcionarios electos por un período fijo.

Algo que sí es positivo, aunque simplemente el entendimiento de que un funcionario o cualquier empleado contratado para un plazo fijo no puede gozar de indemnización era suficiente y puede hacerse a nivel legislativo.

Carrera del servicio civil

En el actual artículo 113 se establece que los guatemaltecos tienen derecho a optar a empleos o cargos públicos sin más que atender a méritos de capacidad, idoneidad y honradez. Se agrega que se instituye la carrera del servicio civil, que deberá regirse exclusivamente por méritos y que eso lo regulará la Ley del Servicio Civil.

El problema está, de nuevo, en permitir que el Congreso establezca la manera de optar a los cargos como mecanismo para pagar favores o controlar instancias en todo el aparato estatal. ¿Imagine lo que pasaría si establecen dicha carrera de servicio civil a modo que pueda el gobernante de turno incidir en las contrataciones de los empleados municipales?

Idioma oficial

Se permite que el "Estado" reconozca como oficiales los idiomas indígenas que establezca "la ley". No es necesario un idioma oficial... las implicaciones sí pueden ser la de entorpecer las comunicaciones y la legislación, ya que cada "traducción" sería oficial y podría tener variaciones al momento de su aplicación.

Integración del Congreso

Se establece un número fijo de diputados. 120 por distritos y 20 por listado nacional. De todos modos, debe modificarse la ley electoral actual para adecuar el tema.

Se elimina el artículo 160 y la posibilidad que los diputados ejerzan otro cargo público con "permiso".

Se modifica el derecho de antejuicio de los diputados, de modo que si se declara con lugar el antejuicio, NO serán separados del cargo, ni siquiera por condena firme.

VE, ¡QUÉ BANDIDOS!

Interpelación a Ministros

En este punto, parece inocente la modificación, sin embargo tiene grandes repercusiones. Se limita la interpelación a Ministros "exclusivamente al ejercicio de su función ministerial", por lo que actos que se hagan "en abuso de autoridad" no podrán ser objeto de interpelación. Igualmente, se limitan las preguntas adicionales a las preguntas básicas que se comunicaron al Ministro. De esta manera, se garantiza que los ministros no podrán ser sujetos a control por parte del Congreso o, por lo menos, que el control está tan limitado que podrán abusar de sus cargos y no estar sujetos a este control.

Asistencia de Ministros al Congreso

Se aclara en el 168 que los magistrados y jueces no están obligados a presentarse al Congreso. No obstante, se establece que se requiere de quórum de la mitad más uno de los diputados para que se lleven a cabo las sesiones a las que se invitó a los ministros. Esto permite que quien tenga la mayoría, usualmente es el gobierno de turno, impida dichas sesiones rompiendo el quórum y por tanto, veda el control cruzado que las minorías opositoras puedan ejercer.

John Locke y Montesquieu seguro no estarían de acuerdo.

Organismo Judicial

En este tema, se modifica el artículo 205 que contiene las garantías del Organismo Judicial y en lugar de mantener la garantía de no remoción de magistrados y jueces, se establece como garantía la carrera judicial. El tema de la carrera judicial se maneja en la reforma constitucional como algo positivo, sin embargo resulta que el Concejo de la Carrera Judicial llega a tener más control e injerencia en el nombramiento de los jueces y magistrados que la propia Corte Suprema. El problema, entonces, radica en el poder dado a funcionarios menores, controlados desde comisiones de postulación y por los otros organismos del Estado, de modo que realmente el Organismo Judicial deja de ser independiente.

En el artículo 208 se hace la modificación en la que incorporan a nivel constitucional la Carrera Judicial y el Concejo de la Carrera Judicial. Antes este artículo contenía el período de 5 años de los magistrados y jueces de primera instancia. La reforma establece que la "ley de la carrera judicial" normará el proceso de ingreso a dicha carrera y los nombramientos de jueces y magistrados, sus derechos y obligaciones, la formación profesional, las causas de traslado y retiro obligatorio y los procedimientos disciplinarios. Dicha carrera va desde los jueces de paz hasta los magistrados de Corte de Apelaciones y otros tribunales de dicha categoría.

Les da un plazo de 10 años en sus funciones con posibilidad de volver a ser nombrados.

El Concejo de la Carrera Judicial se integra por:

1. El Presidente de la Corte Suprema;
2. Un miembro titular y un suplente electo por el pleno de la Corte Suprema de Justicia;
3. Un titular y un suplente por la asamblea de magistrados de Corte de Apelaciones;
4. Un titular y un suplente por la Asamblea de Jueces de Primera Instancia;
5. Un titular y un suplente por los jueces de Paz;
6. Dos miembros titulares y dos suplentes electos por los Decanos de las facultades de Derecho del País;
7. Un titular y un suplente electos en forma conjunta por la Junta Directiva y el Tribunal de Honor del Colegio de Abogados.

Este concejo tiene una composición bastante particular y peligrosa. Ya se sabe y se ha hecho público el poder que grupos de interés ejercen en las facultades de Derecho y el Colegio de Abogados, no digamos en su Junta Directiva.

La integración de los magistrados y jueces queda en manos de organizaciones que pueden ser politizadas fácilmente y la imparcialidad está muy debilitada al hacer nombramientos "interesados". No hay siquiera participación de la Corte Suprema en la designación de los magistrados ni de instancias públicas de control.

Se cambia el artículo 209 que era que el daba la facultad de nombrar al personal de los tribunales a la Corte Suprema de Justicia y se crea una "Cámara Administrativa" en la Corte Suprema. A esta Cámara se le dan las funciones administrativa, financiera, organizacional y laboral del Organismo Judicial. Funciones que podía perfectamente ejercer un gerente bajo el mando del Presidente del Organismo Judicial y el Pleno de Magistrados de la Corte Suprema. ¿Qué hay acá detrás?

Pues mi perspectiva es que al crear esta cámara, el control financiero queda directamente acá y es esta cámara la que podrá controlar el Organismo Judicial al ser quién decida sobre la funcionalidad del Organismo Judicial. La Corte Suprema queda, entonces, supeditada a esta Cámara que no tiene funciones jurisdiccionales.

Se modifica el artículo 213 que habla del Presupuesto del Organismo Judicial. Si bien se le asigna un 4% del

Presupuesto de Ingresos Ordinarios, ya no es atribución de la Corte Suprema la formulación del presupuesto del Organismo Judicial, sino de la Cámara Administrativa. Los fondos privativos serán ahora administrados por esta Cámara Administrativa. Con ello, queda claro que el control del presupuesto es de esta Cámara, no de la Corte Suprema y por tanto, la Corte Suprema queda vulnerable a la injerencia que los organismos del Estado y otras personas o mafias puedan tener sobre esta Cámara. ¿Garantiza esto la independencia de quienes verdaderamente imparten justicia cuando queda sujeto su presupuesto a burócratas?

En el artículo 214 se modifica la integración de la Corte Suprema y se reducen de 13 a 10 sus integrantes. El Presidente ahora duraría 5 años y podría ser reelecto. El período de los magistrados será de 10 años. Con esta integración, cada Cámara será de 3 magistrados, no 4 como ahora.

En la elección de los magistrados se tienen varios cambios en la integración de la comisión de postulación. Antes los Rectores nombraban a 1 representante para que la presidiera; ahora el Rector de la USAC es quien la preside y los demás rectores nombran a 2 rectores representantes; antes, todos los decanos de Derecho participaban, ahora únicamente el decano de Derecho de USAC y 2 de los otros decanos; antes, la asamblea general del Colegio de Abogados elegía un número igual de representantes, mientras que las reformas proponen que sea integrada por el Presidente del Colegio y el Presidente del

Tribunal de Honor; antes, un número igual de representantes electos por los magistrados titulares de la Corte de Apelaciones, esto se elimina.

¿Ya vio el poder concentrado en la USAC -que es una organización altamente politizada- y de los presidentes del Colegio de Abogados -que también lo está? Muy peligroso.

Además, establece la edad para ser nombrado en 65 años. ¿Qué no es la tercera edad una edad menos corruptible, más sabia y con mayor demostración de trayectoria?

Se modifica el artículo 217 sobre la elección y nombramiento de los magistrados de corte de apelaciones. Acá se otorga al Concejo de la Carrera Judicial el poder de nombrarles, ya no a la Corte Suprema, teniendo un 80% de nombramientos que venir de la carrera judicial y solo 20% de una convocatoria entre abogados activos.

Esta parte es quizás la más alarmante.

Contraloría General de Cuentas

Se le fija, en el artículo 232, un presupuesto mínimo de 1% del Presupuesto de Ingresos Ordinarios del Estado. Se crea un Concejo que tendrá a su cargo la fiscalización de la Contraloría... ¿Quién fiscaliza al fiscalizador? Dicho Concejo se compone de:

1. Un miembro nombrado por el Concejo Superior de la USAC;
2. Dos miembros designados por los rectores de las universidades privadas;

3. Un miembro designado por las asociaciones empresariales, agrícolas, comerciales e industriales (¿CACIF?)

4. Un miembro por las federaciones y confederaciones de cooperativas.

¿Le parece la conformación de este Concejo?

Presupuesto General de la Nación

Se agrega en el artículo 238 un párrafo que literalmente dice: "Los recursos financieros que el Estado asigne con obligación de reembolso a los Ministerios de Estado y a las entidades descentralizadas y autónomas, para que los inviertan en la realización de proyectos específicos de beneficio social y que produzcan renta que retorne el capital invertido, podrán darse en fideicomiso".

Es así que se les da vida constitucional a los fideicomisos para estos fines. Preocupan, más que los fideicomisos, los fines que estarían incluyéndose en la Constitución para poder asignar presupuesto.

El Ejército

Inocentemente destinada o ingenuamente peligrosa... Se le cambian los fines al ejército. En el artículo 244 actual, los fines son "mantener la independencia, la soberanía y el honor de Guatemala, la integridad del territorio, la paz y la seguridad interior y exterior". La reforma simplemente dice "al servicio del Estado". ¿Qué implica eso? Un ejército que responda a los intereses del gobernante de turno sin limitación de funciones particulares es muy peligroso. Podría ser un vehículo de intimidación o exterminio, porque es el "servicio del Estado". Si bien luego agrega que tiene como funciones las anteriormente puestas, ya no es su "destino", sino sus funciones.

Incorpora acá el actual artículo 250 que dice "El Ejército de Guatemala, se rige por lo preceptuado en la Constitución, su Ley Constitutiva y demás leyes y reglamentos militares". Por las modificaciones al destino del Ejército, queda en el Congreso que con una ley se pueda modificar el ejército a su antojo creando un estatuto distinto a los miembros del mismo y un fin de Estado distinto.

Se modifica el 246 para permitir que un civil funja como Ministro de la Defensa. Esta modificación va contra la sentencia de la Corte de Constitucionalidad que establecía que sería inconstitucional que fuera un civil, pues viola la jerarquía del ejército, misma que se establece en el propio artículo 244.

Agrega en el 246 la forma en que el ejército prestará ayuda a la seguridad interior.

Ya se sabe lo que puede suceder cuando el ejército es usado para controlar situaciones eminentemente civiles…

Policía Nacional Civil

En el artículo 250 que hablaba del Ejército y su regulación, se incorpora en la reforma a la Policía Nacional Civil, a quien se le dan atribuciones de investigación y permite que la ley cree otras instancias de investigación "siempre bajo la dirección del MP". ¿Una policía judicial?

Ministerio Público

Importante es la propuesta en cuanto a modificar la comisión de postulación para nombrar al Fiscal General. Se propone que sea integrada por el Rector de la USAC y dos rectores de las universidades privadas, el Presidente de la CSJ, el decano de derecho de la USAC y dos decanos de las facultades de derecho de las universidades privadas y el Presidente de la junta directiva y del tribunal de honor del Colegio de Abogados. De nuevo, la USAC tiene un poder mucho mayor, pues actualmente no hay involucramiento del rector de la USAC y participaban todos los decanos de la facultad de Derecho.

Municipalidades

El cambio es un aumento del 10 al 11% del presupuesto a las municipalidades. Esto en el artículo 257.

Corte de Constitucionalidad

Se modifica la integración de la Corte de Constitucionalidad y de 5 titulares y 5 suplentes, pasarían a ser 11 magistrados. Para la elección se establecen mayorías calificadas y que sean 2 magistrados electos por la CSJ, Congreso, Presidente en Concejo de Ministros, Colegio de Abogados en Asamblea; Consejo Superior de la USAC y 1 magistrado por los decanos de las facultades de derecho de las universidades privadas del país.

Crea Cámaras en la Corte de Constitucionalidad para los distintos asuntos y para conocer de las inconstitucionalidades generales, se requiere de 9 magistrados, por sorteo. Ahora serán electos por 10 años, no 5.

La presidencia será por 2 años y por elección con el voto de 7 magistrados. La presidencia, actualmente, es rotativa, anualmente y va de la mayor edad al menor. Con esto, imagino las luchas de poder que se crearán...

En cuanto a las funciones, modifica que conocerá en única instancia de los amparos contra el Tribunal Supremo Electoral. ¿Recuerda el caso Sandra Torres y el papel que jugó que la CSJ resolviera en primera instancia el amparo?

Análisis final

Como podrá ver, los cambios que se buscan entregan al control de los intereses políticos la designación de los poderes del Estado.

Siempre he sido un crítico de la actual constitución, pero no veo mejora en estas propuestas.

Si vivimos ya en un estado fallido porque no contamos con instituciones de justicia -policía, Ministerio Público y tribunales realmente independientes y comprometidos con impartir justicia; estamos rodeados de corrupción que es solapada y consentida por dichos entes de "justicia", no veo que la reforma reduzca esos problemas, sino que los agrava.

El poder político que se le da a USAC, que ha estado envuelta en varios escándalos por malos manejos internos y situaciones políticas, no es la mejor salida.

Quien controle a los tribunales y la designación de jueces se garantizará inmunidad, por lo que no es el mejor sistema.

El dulce del reconocimiento de la multiculturalidad no es más que un ataque directo a lo que una República representa y abre la puerta para el establecimiento de un régimen racial y discriminatorio, en lugar de uno abierto y de igualdad.

La efervescencia social imperante y la posibilidad de tirar el ejército a calmarla son una mala combinación.

Un par de buenas luces, nada más.

El fracaso del Ministerio Público se reconoce en la reforma, aunque a quien más habría que achacarle la imposibilidad de condenas es al sistema procesal que permite discutir formalismos y no los problemas sometidos a los tribunales.

Considerando todo lo anterior, si bien nuestra actual constitución no es la mejor, considero no vale la pena empujar estas reformas de la manera que parece estar empeñado el actual gobierno, ya que exaltará la lucha y podría ser el detonante de una crisis social mucho mayor.

Sin más, hágase sus conclusiones y vea la historia para tratar de comprender por dónde saltará la liebre con estos textos ahora pretendidos por el gobierno de turno y cómo podrían ser utilizados por los futuros gobernantes, luego de las elecciones.

JUSTICIA EN LA POLÍTICA FISCAL

En estos momentos ya todos sabemos que la reforma tributaria ha sido menos que exitosa. ¿Por qué?

La conjunción de dos factores:

1. Arrogancia planificadora
2. Menosprecio al Derecho.

La arrogancia planificadora deviene de fundamentos filosóficos erróneos. Los diseñadores de la reforma tributaria actúan desde una perspectiva positivista, tanto jurídica como filosófica. Es así que creyeron que porque era "ley", la gente la cumpliría sin chistear. Creyeron que se puede regular el sentimiento de justicia. Creen que simplemente por legislar, la conducta sería lo que en blanco y negro se plasmó. El menosprecio al Derecho, como segundo factor, se hace palpable cuando uno lee los textos incorporados en los distintos "libros" de los decretos 4 y 10-2012. Se ignoran instituciones jurídicas y los más fundamentales principios de justicia. Se ignoró, grandemente, que estamos en el campo del Derecho Tributario y se diseñó la reforma desde una perspectiva macroeconómica. Así, por ejemplo, la retención es un pago definitivo, haya o no pagado el deudor principal. Así, por ejemplo, se colocan limitantes a derechos legítimos de una persona, por el hecho que otro no ha cumplido sus obligaciones tributarias. Se ignora el mandato de seguridad jurídica por el cual se prescribe que una norma legal debe ser, necesariamente, una guía de conducta, al ser interpretada siempre, es decir, en el tiempo, de la misma manera y sentido.

Se demuestra la arrogancia en el hecho que se pretendía que el mecanismo de "planilla del IVA" como control de la facturación y fiscalización de los vendedores, "ya no era necesario". Garrafal error. Acá ignorar el sentido de justicia del propio "empleado en relación de dependencia" que gozaba de ese crédito, ha sido una muestra de un cerebro con tendencias dictatoriales. La clase trabajadora, la clase media, "paga" el IVA de sus propios ingresos, por lo que para ellos, el IVA y el ISR son impuestos que afectan su poder adquisitivo. No manejarlos en ese nivel como una carga única, simplemente incentiva a buscar mecanismos para ahorro de algunos centavos en cada transacción.

Es así que la reforma ha sido un fracaso previsible. Ley de aduanas "suspendida" por exoneración de multas; impuesto a primera matrícula ya con inconstitucionalidad declarada; impuesto de circulación de vehículos, rebajado; IVA, con suspensión de la Corte de Constitucionalidad; ISR, más de 40 artículos han sido impugnados; Código Tributario, ya con inconstitucionalidades declaradas en puntos más que obvios.

¿Se vale como ciudadanos sufrir esto?

VIVIMOS EN CORRUPCIÓN

¿Qué causa la corrupción? Algunos dicen que es porque se paga poco a los funcionarios.

Los medios recientemente narraron la captura de 11 empleados de SAT por su supuesta participación en una banda de roba carros. Si ustedes revisan los rangos salariales de SAT respecto a otros funcionarios, SAT paga muy bien. El Superintendente gana el doble que un magistrado de Corte Suprema. Gana 3 veces más que un ministro. De allí hacia abajo ganan las personas en esa institución.

Llegamos así a concluir fácilmente que no es el salario que gane lo que hará que no haya corrupción. El origen de la corrupción es la posibilidad de hacerla. De premiarla, económica, social, políticamente.

Nos **indigna la corrupción**, pero ¿usted denuncia la corrupción, deja de pagar mordidas, deja de pedir "favores" por fuera?

FERIAS Y PIÑATAS

Hoy es la cúspide de la feria de independencia de Quetzaltenango [27], Xela para los chapines. La Municipalidad viene y aprovecha para asaltar a los visitantes. *Resulta que se le ocurrió a alguien cobrar por entrar y salir de la ciudad.* En resumen, es un robo. Técnicamente, es un cobro ilegal, ya que las municipalidades únicamente pueden establecer tasas.

Las tasas son tributos que se imponen como consecuencia de la prestación directa de un servicio público. Es decir, por un servicio que específicamente le está prestando la Municipalidad. Entrar o salir de la ciudad no es un servicio. Adicionalmente está prohibido que limiten la locomoción a un cobro.

No es cuestión de suma, sino de principio. Así que vaya, pero **no** pague. Allí ni en ninguna otra que le cobre por entrar o salir. Así sí seremos independientes.

---

[27] Quetzaltenango es la cabecera departamental del Departamento de Guatemala que lleva el mismo nombre. Guatemala está dividido administrativamente en veintidós departamentos.

NOTICIAS PARA ALARMARSE: EL COMERCIO ES SEÑAL DE DELINCUENCIA Y SAT AMENAZA CON PRISIÓN.

En la edición de Prensa Libre del 29 de noviembre de 2012 me encontré -me contaron y luego fui a leer- de dos noticias que me alarmaron.

La primera es que "INVESTIGAN NEGOCIOS UBICADOS EN ZONA 15" por la posibilidad que sean fachadas para el lavado de dinero. La encuentra en la página 10.

¿Qué me alarmó? Que nos estamos convirtiendo en un régimen que duda de cualquier ciudadano. Todo negocio implica la existencia de lavado de dinero o vínculos con el narcotráfico. La noticia dice "Entre los hechos que han desencadenado sospechas para que el Ministerio de Gobernación monte operativos de inteligencia se incluyen el aumento y creciente desarrollo comercial, hurto y robo de vehículos, saqueos a viviendas, ataques armados directos, enfrentamientos y asaltos a peatones". Está bien que el hurto y robo de vehículos alerte, pero que "el aumento y creciente desarrollo comercial" sea una alarma no puede estar bien.

Triste resulta que el vocero de la Municipalidad declare que "...personas tramitan patente de comercio y tarjeta de salud, pero no cuentan con el permiso de abierto al público, pues quieren operar en áreas residenciales, donde no está permitido". En el fondo quiere decir que hemos sido expropiados. Si bien el orden es deseable, también lo es que no poder decidir dónde tener un negocio acarrea ilegalidad. También lo es que el hecho de tener que pedir permiso para abrir un negocio en mi casa, no es más que una llana expropiación.

La otra "bella" noticia es que se anuncia que "SAT VA TRAS SUBVALUACIONES". Acá el tema es escabroso. SAT y Muni[28] firmaron un acuerdo para que SAT fiscalice el IUSI... ¿Es eso legal? SAT y Muni no pueden firmar acuerdos por los que Muni le traslada la administración del IUSI a la SAT. Se requiere de una ley para trasladarlo.

Ahora, el tema incluye que SAT busca recaudar IVA que no recaudó en compraventas de inmuebles. Dice Miguel Gutiérrez, con esa ignorancia de burócrata, que detectaron "simulaciones de valores en compraventas". Lo que deberían decirle sus abogados en SAT es que para que pueda decir que hubo "simulaciones" debe seguir un proceso judicial que la declare, pues las compraventas de inmuebles se documentan en escrituras públicas, documentos que hacen prueba, por ser faccionados ante Notario Público que goza de fe pública. Si son "simulados" imagino que tiene en su poder ya las sentencias que

---

[28] "Muni" es el diminutivo o apodo que se le da a alguna *Municipalidad* en Guatemala, en especial a la Municipalidad de la Ciudad de Guatemala. Es la forma común y corta de referirse a la municipalidad.

declaran la nulidad del instrumento público o la simulación del negocio civil. Sin eso, simplemente está haciendo lo que los gringos dicen "bluffing" y hasta puede ser delito, pues está imputando ilícitos a particulares.

La solución, dice SAT a través de Gutiérrez, es que se aplicará una tasa de 3-5% del valor no declarado, sujeto a convenio de pago. ¿Habrá leído la Constitución? No puede hacerse eso sin una ley del Congreso. Si existe "simulación" en el valor y Gutiérrez ya lo detectó, debe iniciar los procesos legales -civiles, administrativos y penales- correspondientes. Si no denuncia, él comete omisión de denuncia. Con sus declaraciones parece que lo que quieren es extorsionar a los contribuyentes y podría caer SAT en exacciones ilegales, coacción y amenazas. Esto con la nueva Ley Anticorrupción está grueso.

Es así que qué lindo es ser funcionario, pero qué bello es que, en un Estado de Derecho, el poder no es ilimitado y debería asesorarse mejor antes de hablar.

No cabe duda que este gobierno quiere ser tiránico. No cabe duda...

RESPECTO A LA REVISIÓN HISTÓRICA

Tomamos prestado el blog de Luis Figueroa en una pequeña tertulia con Carlos Fajardo. Él tiene una visión, yo otra. Acá aclaro un poco de esa visión, para que comprendamos el error que comete Carlos cuando dice: "Posiblemente, y en eso caemos ya en elucubraciones, cuando las masas campesinas hayan desaparecido por completo, subsumidas en el proletariado agrícola o industrial, sea cuando comience el segundo round: la lucha por el poder del estado por el proletariado contra la ya bien definida clase dominante. 200 años mínimo de lucha por delante"[29].

El ideal libertario no es la que se ha aplicado en los últimos 50 años... Ni en los últimos 150... es más, en Guatemala nunca se ha aplicado. Eso estamos tratando de hacer unos pocos. Bien incomprendidos, pues se cree que ser libertario o liberal clásico, es algo que ya se "probó" en Guatemala. Vea que no.

En Guatemala, seguro, desde tiempos de Justo Rufino Barrios, hemos tenido aplicación de políticas,

---

[29] Ver al artículo Carlos Omar Fajardo Salguero de fecha 22 de octubre de 2010, "¿Y si todavía falta la verdadera lucha por el socialismo?", disponible en: http://rabano-socialismo.blogspot.com/2010/10/y-si-todavia-falta-la-verdadera-lucha.html

pensamiento y conductas de la "Ilustración Francesa", que derivan en el chirmol que somos hoy en Guatemala. Así tenemos que de dichos los orígenes filosóficos que le comento, surgen:

A) el positivismo, especial trascendencia, el jurídico. Estas corrientes fundamentan a los Nazis y Franquistas, entre otros… ah, sí y los Fascistas.

B) la dialéctica y las escuelas de Hegel y Marx, con su desarrollo en la práctica del leninismo y castrismo.

C) el mercantilismo, con sus intervenciones en toda Latinoamérica y en Guatemala, desde 1871, con la reforma "liberal" -francesa- de Miguel García Granados y Justo Rufino Barrios, la cual pasa por Carrera y Ubico. No muere allí y se revive en los gobiernos militares de 1955 a 1985. Algo modernizado lo encontramos en el gobierno de Álvaro Arzú y la tendencia del FRG liderada por el General Ríos Montt.

D) La socialdemocracia, que es un punto medio entre mercantilismo y socialismo, con expresiones en todas las actuales democracias latinoamericanas. Vinicio Cerezo y versiones light como Serrano Elías, a versiones más "duras" en Portillo y Colom, en Guatemala; Evo, Correa, Lula y Chávez, por citar algunos más.

Se dice que los libertarios abogamos por la "autorregulación" como milagro del cielo. Bueno, sí, pero realmente no es que todo se "autorregula" porque a uno se le ocurre…

Puede ser que no nos entiendan, quizás por un problema comunicacional, en una parte y por otra, por el error doctrinal que ha copado a nuestro sistema educativo, gracias a la bendita "Ilustración Francesa". Recuerde que la "Avenida de la Reforma", la hicieron los liberales en 1870's para que se pareciera a los Campos Elíseos de París... hasta eso copiamos.

La autorregulación la interpretan los que no les gusta el término, como que se propone "anarquía" y "nada de Estado". Pero no, lo único que se propone es un Estado que realmente haga lo que tiene que hacer, al que se le amarren las manos para que no puedan andar por allí haciendo piñata los recursos. Combatir la delincuencia viene de "cumplir los contratos y acuerdos voluntarios", "proteger lo que es de cada cual" y "la vida" de cada cual. Para ello se necesita un Organismo Judicial realmente operante, fuerte, rápido. Ese costo del Estado es el que menos se paga. Todo se va en la fiesta navideña de los "gorrones", o como técnicamente se llama a los gorrones: Buscadores de Rentas o *Rentseekers*.

El positivismo y la Ilustración como tal, crean un marco legal. Lo malo es que cualquier marco legal crea incentivos. Muchos "Revolucionarios de Izquierda", correctamente perciben que los incentivos de los últimos 50 años -de los últimos 150 te diría yo- están colocados en lo que no queremos. Eso sí, se equivocan al pretender achacarle ese error a los libertarios. Que Don Justo y Don Miguel se hayan llamado "liberales", nada tiene que ver con los libertarios, liberales clásicos y seguidores de la escuela austriaca, pues eso "liberales" Rufinianos y Garcianos, son "franceses", no escoceses.

¿Quiere ver una Guatemala sin pobreza? Haga lo contrario que se ha hecho desde Justo Rufino Barrios. ¿Quiere ver una Guatemala próspera? No vea en Guatemala una lucha de clases o grupos, pues la lucha sólo es una metáfora colectivizadora que no es real. En el mundo real, no hay tal lucha.

El Estado no necesita "hacer" más que garantizar seguridad y justicia. Después cada cual puede salir adelante.

Se requiere confianza en la sociedad y **la confianza se alcanza cuando hay certeza y puede predecirse la conducta de cada uno**. ¿Con un sistema judicial débil y un sistema político que responde a intereses no ha derechos, puede predecirse? Seguro que no.

CLARO QUE HAY COHERENCIA

Es curioso que lo que la gente oye que es ser "libertario" no es lo que es. Todo libertario verdadero estará en desacuerdo con que existan leyes como "impuesto a la distribución del cemento" o "del tabaco" y los aranceles. Todo libertario abogará siempre por la desaparición de dichos privilegios.

De la misma manera abogará porque las leyes sean construidas partiendo de la naturaleza humana: creatividad, ingenio y búsqueda de intereses propios y personales; y la consecuente responsabilidad de sus actos.

¿Qué es la responsabilidad? Pues no es más que tragarse las consecuencias, buenas o malas, de los actos en libertad. De allí que leyes que pretenden que "por mi bien" se establezcan impuestos a los "vicios" son contrarios a los libertarios, ya que únicamente causan privilegios. O el impuesto al cemento, que está diseñado de tal manera que se protege el mercado de la competencia, local y extranjera. ¿Quién paga un precio más alto? Todos los que buscan construir su casa o negocio.

La historia ha tenido períodos muy cercanos, si no es que totalmente, "libertarios". Claro que nunca se les da crédito, pues se analiza e idealiza un resultado concreto, sin ver los inicios de las corrientes de la historia. Se critica que EE. UU. no es "libertario", pero se olvida que lo fue hasta la reforma constitucional impulsada por Franklin D. Roosevelt y su "new deal".

Término que enseña que FDR pasó a fundar un nuevo Estado sobre las bases filosóficas de la corriente del "pacto social" y Rousseau; dejando atrás a Hume y Locke, de la escuela filosófica contraria. ¿Se entiende por qué hoy día EE. UU. no es libertaria?

Ser libertario no es ser anarquista. La anarquía llevaría a un estado de guerra incontrolable. Ser libertario implica niveles de gobierno centrados en lo que es condiciones de cumplimiento de parámetros que, antes de ser económicos, son morales y jurídicos. No es la abolición del gobierno, sino la limitación del mismo a esferas claras.

Para un libertario no hay distinción de clase o raza, pues se cree en la capacidad innata de cada ser humano de encontrar los mejores satisfactores, conforme a sus circunstancias propias, mientras tenga la libertad suficiente para escogerlas y uno pueda obligar a cumplir las promesas que le han hecho otros individuos.

Un libertario, por supuesto, que estará siempre contra la oligarquía. Estará contra grupos de interés, ONG´s y actividades particulares financiadas con fondos de los ciudadanos, ya sea directa o indirectamente (vía tributos, subsidios o manejo de políticas financieras).

¿Cuáles son los sectores más protegidos en Guatemala? La agroindustria, como el azúcar, el café y la banca y finanzas.

¿Hay libertarios a favor de dichos privilegios? No. Hay gente que usa frases y discursos de autores y analistas libertarios para buscar sus privilegios. Eso, claramente.

Triste es que se recurra a generalizaciones para descalificar argumentos que tienen asidero en la historia misma y respaldados por estudios y análisis económicos.

Es de aclarar el libre mercado no es un fin, sino el resultado de tener un sistema moral y jurídico basado permitir a cada individuo buscar su propia felicidad, respetando la búsqueda de dicha felicidad propia del vecino. ¿Es esto incongruente con la caridad, la ayuda mutua, la solidaridad? Claramente no. Cada una de esas bellas palabras son virtudes y una virtud sólo puede ser ejercida en libertad. Sí, en libertad de ser caritativo o no; ayudar o no; ser solidario o no.

Es así que no creo que ningún libertario de los que realmente saben qué es ser libertario y busca que se rompan con esos privilegios entregados en las leyes esté en desacuerdo con proponer que se rompa con ellos y se eliminen.

Lo que veo es que en Guatemala hay suficientes cangrejos que por no estar dentro de los privilegios legislados actuales quieren que se les den a ellos y se les quiten a los otros esos privilegios... con esas posturas, ningún libertario estará nunca de acuerdo... y eso es por coherencia.

REFLEXIÓN FINAL: UN CAMBIO DE CULTURA

Ha surgido un problema "político" en Guatemala. Se busca la elección del nuevo Fiscal General de la Nación. Hace un año se apoyó socialmente una ley para "regular" cómo las comisiones de postulación que manda la Constitución debían elegir a los candidatos. La ley vino en un momento de crisis "institucional" debido al famoso vídeo de Rodrigo Rosenberg.

Ahora el jefe de CICIG[30], Carlos Castresana, dijo: "*No atendieron nada; han respetado las formas para defraudar el fondo. Han producido un resultado contrario no sólo al que quiere la ley, sino la Constitución*", reprochó Castresana, quien dijo que *tras el escándalo en las postuladoras de magistrados de la Corte Suprema de Justicia, así como del Instituto de la Defensa Pública Penal, "quisimos ser lo más respetuosos posibles con la institucionalidad y, digamos, que les dimos un voto de confianza"*.[31] El

---

[30] Comisión Internacional Contra la Impunidad en Guatemala.
[31] Ver artículo de Byron Barrillas en Siglo XXI de fecha trece de mayo de dos mil diez, "CICIG: Debe frenarse lista para fiscal", disponible en: http://www.s21.com.gt/nacionales/2010/05/13/cicig-debe-frenarse-lista-para-fiscal.

Editorial del mismo Siglo XXI que publicó las declaraciones citadas arriba, trató el tema. Dicho Editorial coincide en que "*Un proceso que en sí es deficiente, podía funcionar si ellos se comprometían con la Constitución y con los intereses generales, pero claramente sólo sirven a los intereses de quienes los han mandado ahí*"[32].

Denota tal proceso un problema de fondo. El problema del Ministerio Público no es de estructura, no es de gente... Es de principios...

La elección del fiscal poco incidirá en la gestión de la institución, por la simple razón que el sistema jurídico alrededor del Ministerio Público no se resuelve con una figura "mesiánica" que resolverá los 17 asesinatos diarios o las bandas de crimen organizado infiltradas a todo nivel. El problema es de la totalidad de dicho sistema jurídico.

Vale describir que el sistema jurídico que impera es uno que requiere que el 100% de los involucrados, gobernados y gobernantes, sean inmaculados, limpios y libres de pecado, para que el mismo presente resultados positivos. Una sola persona íntegra, correcta y moral, no tiene ninguna capacidad de mover dicho aparato de manera positiva. El sistema descansa en antivalores, por lo que únicamente funciona a la perfección con personas que operan desde dicha oscura perspectiva.

---

[32] Ver artículo publicado en Siglo XXI, de fecha trece de mayo de dos mil diez, "Hay Escasez de honorabilidad" http://www.s21.com.gt/editorial/2010/05/13/hay-escasez-honorabilidad

El sistema completa recompensa a quien es irresponsable, por ello otorga extensas facultades a los gobernantes para que suplan las deficiencias de actividad de los gobernados: si lo hiciste mal, te compenso; si no lo haces te compenso; si lo haces bien, te cargo. El sistema completo recompensa la forma sobre la sustancia: si tienes la razón, requieres un formalismo para hacerla cumplir; si eres dueño, el usurpador goza de la propiedad mientras la formalidad transcurre por el tiempo; la razonabilidad no existe dentro del sistema que opera sobre "blanco y negro". El sistema completo recompensa la falta de honestidad y honorabilidad: ser exitoso en parámetros "occidentales" es calificado de manera negativa; ser "astuto" es "toda la onda", como dirán los jóvenes. El sistema completo se basa en el incumplimiento: llegue usted a la hora en punto a una reunión y verá cómo ni los meseros están listos para recibirlo. El sistema completo se basa en "salirse con la suya", no en los "derechos que me corresponden". Hablo acá de dos tipos de sistemas que coexisten: el sistema social -el *ethos*- y el sistema jurídico -leyes positivas-.

El sistema social es el que precede al sistema jurídico. Se basa en lo que la población -típicamente una élite intelectual, económica, religiosa y militar- considera bueno. Esto se filtra en el resto de la población. Así se crean las leyes positivas del sistema jurídico. Se crean con la "idiosincrasia básica" de dichas élites. En Guatemala, dicha imagen deseada es incorrecta. El sistema jurídico se basa en seres humanos inmaculados. Basta con entender que el ser humano, por naturaleza, tiende al mal y por tanto requiere de normas sociales, morales y jurídicas, que delimiten su actuación.

Históricamente, cuando las normas religiosas eran creídas de corazón, los sistemas políticos y jurídicos cambiaron para adecuarse a ellos, pues la población dejaba de obedecer dichas normas jurídicas. Así la Europa "medieval" saltó a la prosperidad por cambios en el paradigma religioso. Tal cambio fue tan profundo en el corazón de las personas que huyeron de las jurisdicciones que consideraban con "leyes incorrectas" para luego fundar un sistema jurídico que partiera de dichos principios religiosos: Estados Unidos. Le recomiendo que lea el Acta de Independencia de los Estados Unidos de América. Lea con atención. Se sorprenderá.

El sistema jurídico guatemalteco, por su lado, parte de la imagen contraria: el ser humano se comportará de manera inmaculada… siempre y cuando sea de la élite. De allí que surge un sistema "mesiánico", incongruente, sin entendimiento de la naturaleza humana. Utilizando el ejemplo del Fiscal General como punto de partida, la aseveración que no importa quién sea electo, no pasará nada, se basa en aspectos muy puntuales de dicho sistema:

- El monopolio de la acción penal. Se parte de la premisa que el Derecho Penal afecta principalmente a la "sociedad" como un ente concreto. Se parte de la premisa que el ofendido por un delito penal no tiene la capacidad -económica, intelectual, legal, etc.- para llevar el caso a buen término. Una acción penal subsidiaria, que permitiera en primer lugar al ofendido ser el atacante y únicamente en caso de no existir tal ofendido o renunciar o solicitarlo el mismo, será labor del "Ministerio Público". El 99% de los casos podrían ser llevados a juicio, pues es sabido que la gran mayoría de lo que es perseguido, lo es, porque el ofendido se constituye como querellante adhesivo, pero acá debe convencer al fiscal y luego al juez.

- La discrecionalidad en el sistema. El fiscal a cargo del caso es quien decide si prosigue, si investiga, si hay motivos suficientes. Usualmente dicho proceso, por la naturaleza misma del sistema y sus recompensas, hará que el fiscal decida perseguir los casos que le impliquen menor cantidad de tiempo invertido y mayor certeza de la condena -no de la culpabilidad.

- La falta de prioridad del Estado al sector justicia. El Ministerio Público sufre lo que todo guatemalteco sufre al final. No hay prioridad real de las funciones de justicia del Estado. Como se parte de un sistema en el que las élites pensaron que la actividad de los gobernantes, que serían ellos, debería ser una de salvación de los ignorantes humanos que tendrían a su cargo, para elevarse como "el salvador y mesías" de Guatemala, se asignaron prioridades lejos del óptimo para crear un verdadero Estado fuerte: en el que el sector justicia es el organismo más importante. Vea la historia. Roma llegó a dominar el mundo gracias a un sistema judicial impresionante. El Derecho Romano que vale la pena estudiar no es el de la recopilación de Justiniano, sino los procesos de formación del Derecho desde la época de los reyes romanos, hasta el apogeo de la República. El paradigma era que los jueces debían resolver lo más pronto posible, la mayor cantidad de conflictos entre particulares para mantener la paz. En Guatemala, el Organismo Judicial tiene asignado 2% de presupuesto en la Constitución (**Artículo 213. Presupuesto del Organismo Judicial. (Reformado).** *Es atribución de la Corte Suprema de Justicia formular el presupuesto del Ramo; para el efecto, se le asigna una cantidad no menor del dos por ciento del Presupuesto de Ingresos Ordinarios del Estado, que deberá entregarse a la Tesorería del Organismo Judicial cada mes en forma proporcional y anticipada por el órgano correspondiente…*). Frente a otros organismos o entidades que tienen:

- Universidad de San Carlos 5% (**Artículo 84. Asignación presupuestaria para la Universidad de San Carlos de Guatemala.** *Corresponde a la Universidad de San Carlos de Guatemala una asignación privativa no* *menor del cinco por ciento del Presupuesto General de Ingresos Ordinarios del Estado, debiéndose procurar un incremento presupuestal adecuado al aumento de su población estudiantil o al mejoramiento del nivel académico).*

- La Superintendencia de Administración Tributaria tiene una "comisión" del 2% de lo que recauda para su operación;

- El deporte tiene una asignación de por lo menos el 3% del presupuesto (***Artículo 91. Asignación presupuestaria para el deporte.*** *Es deber del Estado el fomento y la promoción de la educación física y el deporte. Para ese efecto, se destinará una asignación privativa no menor del tres por ciento del Presupuesto General de Ingresos Ordinarios del Estado.)*

Cabe entonces la pregunta, sistémicamente, ¿qué es la prioridad? En un país en el que sólo el 1% de la población llega a la Universidad, aproximadamente, 5% del presupuesto está dirigido a una de las universidades. El deporte, en un país de desnutridos, ocupa 3% del presupuesto. Pero para cubrir la justicia, se destina únicamente 2% del presupuesto al Organismo Judicial. La recaudación de impuestos tiene un presupuesto casi igual que todo un organismo del Estado.

17 asesinatos al día y 2% del presupuesto en jueces, son cifras alarmantes.

La segunda pregunta es ¿qué moral refleja un sistema así?

Imagino que es una en la que cada acción debe quedar sin consecuencia, por lo que se anula la responsabilidad de los actos. Sin responsabilidad de los actos de las personas, simplemente seguiremos viviendo en la Edad Media, mientras que las sociedades que aprendieron que cada acto tiene una consecuencia moral, social y jurídica, entraron hace más de 200 años en la Era Moderna.

¿Hasta cuándo seguiremos así?

www.ingramcontent.com/pod-product-compliance
Lightning Source LLC
Chambersburg PA
CBHW021350210526
45463CB00001B/55